SV

Band 379 der Bibliothek Suhrkamp

»Die Erneuerung der praktischen Philosophie in Deutschland ist zum nicht unerheblichen Teil ihm zu verdanken«, schreibt die *Frankfurter Allgemeine Zeitung* über Joachim Ritter (1903-1974). Diese praktische Philosophie impliziert die Untersuchung der Subjektivität. »Subjektivität – das Individuum in sich – erhält da als weltgeschichtliche Gestalt, in welcher Schönheit und Wahrheit in Gefühlen und Gesinnungen sich darstellt, ihre epochale Funktion, wo die aufkommende Gesellschaft den Hain zu Holz, den Tempel zu Stein, das Schöne zum Ding macht und so die Subjektivität hervortreibt, um innerlich im Gefühl und im Herzen das zu bewahren, was die Gesellschaft in ihrer Tendenz zur Verdinglichung fortgibt oder zu ideologischem Schein und Überbau destruiert.«
Joachim Ritter

Joachim Ritter

Subjektivität

Sechs Aufsätze

Suhrkamp Verlag

Drucknachweise am Schluß des Bandes

Erste Auflage 2021
Suhrkamp Verlag Berlin

Umschlag: Willy Fleckhaus
Printed in Germany
ISBN 978-3-518-24299-5

Für David, Julian, Nina

Inhalt

Vorbemerkung

Die in den Jahrzehnten seit 1933 entstandenen Abhandlungen werden neu unter dem Titel »Subjektivität« vorgelegt, wobei sich das lockend Anbietende: »...und Gesellschaft« in der Meinung beiseite gelassen wird, daß der Fetischismus im Gebrauch dieses Begriffs leicht das Eigentümliche dieser Abhandlungen verschwinden lassen und überspielen könnte.

Subjektivität – das Individuum in sich – erhält da als weltgeschichtliche Gestalt, in welcher Schönheit und Wahrheit in Gefühlen und Gesinnungen sich darstellt, ihre epochale Funktion, wo die aufkommende Gesellschaft den Hain zu Holz, den Tempel zu Stein, das Schöne zum Ding macht und so die Subjektivität hervortreibt, um innerlich im Gefühl und im Herzen das zu bewahren, was die Gesellschaft in ihrer Tendenz zur Verdinglichung fortgibt oder zu ideologischem Schein und Überbau destruiert.

Die Subjektivität als Möglichkeit und als Gefahr in der Beziehung zur industriellen Gesellschaft wird im Prozeß ihrer Genese unmittelbar nur in der Abhandlung erörtert, die diese Beziehung zum Titel hat (vgl. 1.). Aber auch alle anderen hier vorgelegten Abhandlungen nehmen mittelbar und unmittelbar Subjektivität zum Leitfaden und wenden sich dem Reichtum und der Fülle der Erscheinungen zu, welche die Subjektivität auf dem Boden der Gesellschaft und für sie bewahrt und gegenwärtig hält. In der für die

Gesellschaft konstitutiven und unaufhebbaren »Abstraktheit« und »Geschichtslosigkeit« ist die Zugehörigkeit der historischen Geisteswissenschaften zu ihr als das Organ begründet, durch das ihre Geschichtslosigkeit kompensiert und die geschichtliche, geistige Welt des Menschen offen und gegenwärtig gehalten wird (vgl. 5.). Die Landschaft erhält in der Entzweiung der Gesellschaft und ihrer »objektiven« Natur mit der den Menschen »umruhenden« Natur die Funktion, dem Menschen ästhetisch den Himmel und die Erde der ihn sinnlich in der Anschauung vermittelten Natur zu vergegenwärtigen (vgl. 6.). Die Dichtung T. S. Eliots bewahrt und ehrt die Nähe der Eibe, den heiligen Baum, den bedeutsamen Boden, die in der Sprache der rationellen Ordnungen »vergessen« werden und ungesagt bleiben (vgl. 4.). Das Lachen ist die großartige Geste, die das, was für den verständigen Ernst ganz und gar nicht in Frage kommt und nur ein Nichtseiendes ist, unbekümmert und heiter einholt und dem ausgrenzenden Ernst als sein Unbegrenztes beigesellt (vgl. 3.).

Zum Reichtum und zur Fülle der Subjektivität gehört ihre Gefahr. Die erste Abhandlung macht auf sie aufmerksam; da, wo die Existenz der Subjektivität zum einzigen Grunde gemacht wird, werden die Wissenschaften und die an sie gebundene Vernunft im Irrationalismus verspielt (vgl. 1.).

Diese Abhandlungen geben keine Lösungen für das in der Entzweiung von Gesellschaft und Subjektivität gestellte Problem und beanspruchen dies nicht. Es mag für sie da, wo die Produktivität der Subjektivität als nutzlos der Verachtung und Geringschätzung überantwortet wird, genügen, an ihren Reichtum zu erinnern und diesen zu denken und geltend zu machen.

J. R., Münster, im Winter 1973

1. Subjektivität und industrielle Gesellschaft

Zu Hegels Theorie der Subjektivität[1]

I

Was zur Erörterung steht, wenn Hegels Philosophie von *Subjektivität* spricht, und was der Begriff der Subjektivität meint, fordert dem Bewußtsein der Gegenwart kaum noch unmittelbare Teilnahme ab. »Subjektivität« gehört so zum »Subjekt«, wie etwa zum captivus die captivitas als innerer Zustand und Verfassung seines Seins und Lebens in sich gehört. *Subjekt* ist in der Sprache der Philosophie seit dem 17. Jahrhundert das Individuum, das Ich, sofern es sich erkennend wie handelnd zu dem Gegebenen in seinem ganzen Umfang als »Objekt« verhält, es zum Gegenstand des Erkennens macht oder es praktisch aneignet und verändert. Die »Subjektivität« ist so das Subjekt in allem, was sein Sein in sich und für sich in Anlagen, Fähigkeiten, im Empfinden, Wollen, Denken, in Sehnsucht, Liebe, Leiden, Glauben ausmacht. Wo Hegel daher von der »Subjektivität« des einzelnen oder von ihm als »Subjektivität« spricht, da geht es ihm nicht um die äußeren Verhältnisse, um die Umstände und die Welt, darin das Individuum lebt, sondern um sein »Beisichselbstsein« in seiner »Innerlichkeit« und um sein inneres Leben, in dem er in Gefühlen und Gedanken, in der Moralität seines sittlichen Bewußtseins, in Vorsatz und Schuld als er selbst in der Welt lebt, die sein Leben ausmacht. – Doch Begriffe, so für sich gesetzt, sind wie Figuren auf dem Schachbrett, die, vereinzelt und ohne die anderen Figuren auf ihm bewegt, nur das isolierte Tote sind, das keinen Sinn und keine Kraft hat.

Die eigentliche Schwierigkeit, mit der jeder Versuch, der Hegelschen Theorie der Subjektivität in ihrer aktuellen Bedeutung nahe zu kommen, rechnen muß, liegt darin, daß kaum eine Philosophie sonst so wie die Hegels von negativen Vorurteilen überlagert und gleichsam zugedeckt worden ist. Schon in der ersten ihm folgenden Generation wurde sie als Bollwerk der Reaktion, preußische Staatsphilosophie, Vergottung der Staatsmacht und Rechtfertigung der bestehenden Wirklichkeit abgetan. Die Theologie hat sie als »Pantheismus« oder als ein Denken verworfen, das sich anmaße, Gott philosophisch zu erkennen. Die Wissenschaft ist über sie als bloßes »Spekulieren« hinweggegangen, das eine längst überständige und zum Untergang bestimmte Metaphysik festhalten und erneuern will. Jetzt in unseren Tagen hat u. a. K. R. Popper den Angriff auf Hegel wieder aufgenommen; er sei als »Feind der offenen Gesellschaft« der Vorläufer und Wegbereiter des Faschismus, er habe versucht, die Menschheit in einer »Erneuerung primitiven Stammeswesens« (renaissance of tribalism) durch das »preußische Autoritätssystem« und den »Pangermanismus« zu ersetzen.[2] Ernster und nicht ohne ein Element des Tragischen ist es aber, daß vor allem die protestantische Theologie weithin auf dem Verdikt über die Philosophie Hegels besteht, obwohl sie für ihn selbst geschichtlich und sachlich den Protestantismus voraussetzt und es unternimmt, ihn in seinem Verhältnis zur modernen Gesellschaft zu bestimmen und als ihre Voraussetzung zu begreifen.

So wird es notwendig, die harte Schale des Vorurteils zu durchbrechen; es gilt zuerst zu bestimmen, was Hegels Philosophie zum Gegenstand hat, um so den Zusammenhang freizulegen, in den für sie das Problem der Subjektivität aufbricht und ihre Theorie gefordert wird.

Das zuerst und hauptsächlich Anstößige wie Mißverständliche war und ist vielfach bis heute das *Spekulative.* Hegel hat seine Philosophie im ausdrücklichen Einholen und Vergegenwärtigen der Einen Philosophie von Griechenland her als »spekulative Wissenschaft« definiert; ihre Aufgabe sei, »das, was ist, zu begreifen«[3]. »Spekulation« (cognitio speculativa) ist der lateinische, seit der frühen Scholastik fest gewordene Übersetzungsbegriff der griechischen »Theorie«; die »Theorie« ist »freie« Betrachtung, die, aus dem Zusammenhang der praktischen Notwendigkeit gelöst, sich dem Ganzen dessen, was ist, zuwendet und es als »Seiendes« begreift. In der Aufgabe, als spekulative Wissenschaft das, was ist, zu begreifen, bestimmt Hegel so seine eigene Philosophie, indem er mit ihr die »erste Philosophie« (Metaphysik) der Tradition erneuert; er nimmt ihre auf Aristoteles zurückgehende Definition auf, daß sie »theoretische Wissenschaft des Seienden als Seienden« und »Theorie« sei, »die sich um das Sein sammelt«[4].

Aber diese spekulative Wissenschaft wird dann zugleich von Hegel als *»ihre Zeit im Gedanken erfaßt«* bestimmt. Über sie wird als Leitwort der Spruch gestellt: *»Hier* ist die Rose, *hier* tanze«. Der Philosoph wird der »Sohn seiner Zeit« genannt; statt über die eigene Zeit hinauszugehen und eine Welt, wie sie sein soll, in Gedanken zu entwerfen und ein Seiendes zu suchen, das, wer weiß wo, – nur nicht in der Wirklichkeit selbst seinen Ort hat, fällt es ihm zu, im Gegenwärtigen »die Substanz, die ihm immanent« und das »Ewige, das in ihm gegenwärtig« ist, zu begreifen und so *die der eigenen Zeit und Wirklichkeit einwohnende Vernunft und Wahrheit aus ihrem Grunde zum Begriff und* *zum Gedanken an den Tag des Wissens hervorzubringen*[5]. Diese gegenwärtige Zeit, zu deren spekulativem Gedanken sich die Philosophie Hegels macht, ist das *Zeitalter der Französischen Revolution.* Als der Sturm in Frankreich losbrach, war Hegel, neunzehnjährig, Student im Tübinger Stift. Aus dem Enthusiasmus für sie ist damals die Freundschaft mit Schelling und Hölderlin hervorgegangen. Als Hegel im November 1831 stirbt, war ein Jahr vorher das System der Restauration zusammengebrochen und nach Straßenkämpfen (27. bis 29. Juli) Karl X. verjagt worden. Darauf hat Hegel in der letzten Fassung der Vorlesung zur »Philosophie der Weltgeschichte« in Worten Bezug genommen, in denen die Identität des eigenen Lebens und Philosophierens mit dem Gang und Fortgang der Revolution zur Sprache kommt: Wo »ein altes Herz sich freuen könnte, nach vierzig Jahren von Kriegen und unermeßlicher Verwirrung ein Ende derselben und eine Befriedigung eintreten zu sehen«, ist »wieder ein Bruch geschehen und die Regierung ist gestürzt worden«; so gehe »die Bewegung und Unruhe« fort; das Problem der politischen Stabilisierung bleibe der »Knoten, an dem die Geschichte steht, und den sie in künftigen Zeiten zu lösen hat«[6].

So bleiben die Fragen, vor die die Umwälzung der alten Welt stellt, ungelöst. Hegel hat früh die Abstraktheit und die Unfähigkeit der Revolution, eine positive tragfähige politische Ordnung zu schaffen, an der Zugehörigkeit des Terrors zu ihr erkannt, in dem der Tod zu dem »plattesten«, »kältesten Tod« entleert wurde, der nur wie das »Durchhauen eines Kohlhauptes« oder ein »Schluck Wassers« ist[7]. Dennoch hat Hegel Zeit seines Lebens an dem Enthusiasmus für die Revolution festgehalten. Wo der »Geist einen Ruck getan« und eine neue Gestalt gewinnt, während die »ganze

Masse der bisherigen Vorstellungen, Begriffe, die Bande der Welt« wie ein »Traumbild« zusammenfallen, muß die Philosophie, die an sich »etwas Einsames« ist, zur Aufmerksamkeit »auf die Geschichte des Tages« werden; sie begrüßt und erkennt das Neue und setzt sich so dem »Extrem des steifen Beharrens auf dem positiven Staatsrecht eines verschwundenen Zustandes« als »Verschlafen der reichsten Jahre, die die Weltgeschichte kennt«, entgegen[8]. Noch in den letzten Jahren seines Lebens hat Hegel die Revolution »einen herrlichen Sonnenaufgang« genannt, den »alle denkenden Wesen« in »erhabener Rührung« und mit dem »Enthusiasmus des Geistes« gefeiert haben[9]. Er hat Zeit seines Lebens den Tag des Bastillesturms wie den Tag der Reformation feiernd geehrt.

Das Weltgeschichtliche, das der politischen Revolution ihr Recht wie ihre Macht gibt, gegen die es keinen Widerstand gibt, liegt für Hegel darin, daß *sie im Menschenrecht (droit de l'homme) die Freiheit des Menschen als Menschen zum Prinzip des Rechts und des Staates setzt:* Es gehöre mit ihr jetzt der »Bildung, dem Denken als Bewußtsein des Einzelnen an, daß Ich als allgemeine Person aufgefaßt werde, worin alle (Menschen) identisch sind. Der Mensch gilt so, weil er Mensch ist, nicht weil er Jude, Katholik, Protestant, Deutscher, Italiener usf. ist«[10]. Damit wird prinzipiell jede Form von Unfreiheit als Sklaverei, Leibeigenschaft, Hörigkeit usf. – auch da, wo sie fortbesteht – zum Unrecht und der Mensch als Mensch zum Subjekt und so die Freiheit zur Substanz und zum Grund des Rechts wie des Staates erhoben. Das macht für Hegel die weltgeschichtliche Bedeutung der Revolution und ihre Einmaligkeit aus: »Im Gedanken des Rechts ist jetzt eine Verfassung errichtet worden, und auf diesem Grunde soll nunmehr alles basiert sein. So lange die

Sonne am Firmamente steht und die Planeten um sie herum kreisen, war das nicht gesehen worden«[11].

Während aber die denkenden Geister sonst, die zunächst die Revolution begrüßt und mitgefeiert hatten, sich dann im Anblick ihres negativen Treibens und seiner Vergeblichkeit meist bald von ihr abwenden, ist für Hegel ihr Gedankenprinzip des Rechts wie des Staates aus dem unsicheren und haltlosen Element bloßer politischer Ideen und Forderungen herausgehoben; es hat im Boden der geschichtlichen Wirklichkeit selbst seinen Grund. Hegel hatte bereits früh, in den Jahren seiner Berner und Frankfurter Hauslehrertätigkeit – damals wohl als einziger überhaupt in Deutschland – erkannt, daß sich mit dem Menschenrecht der Revolution und in der Auflösung der alten Ordnungen als *die eigentliche Umwälzung im Grunde der geschichtlichen Wirklichkeit selbst die bürgerliche industrielle Gesellschaft politisch konstituiert und sich ihr Recht und ihren Staat zu schaffen sucht.* In der »Rechtsphilosophie« von 1820 ist daher die sich in England und Frankreich bereits unaufhaltbar durchsetzende gesellschaftliche Revolution zum ersten Problem geworden und in die Mitte des philosophischen Begreifens gerückt. Alle politischen, rechtlichen, geistigen Probleme, die die politische Revolution aufgeworfen hat, werden von Hegel jetzt auf die sich konstituierende bürgerliche Gesellschaft bezogen. Sie ist die Umwälzung, die Europa in der Konkretheit des in seiner Geschichte gebildeten menschlichen Seins ergreift; sie wird sich ebenso künftig über die Erde verbreiten: In dem »Übermaß des Reichtums«, in welchem die bürgerliche Gesellschaft »nicht reich genug« ist, dem »Übermaß der Armut und der Erzeugung des Pöbels (Proletariats) zu steuern«, wird sie durch ihre eigene immanente »Dialektik« »über sich hinausgetrieben«; sie muß »außer ihr in ande-

ren Völkern ... Konsumenten und damit die nötigen Subsistenzmittel suchen«. Wie für die alte europäische Welt der bisherigen Weltgeschichte die »Erde, fester Grund und Boden« die Bedingung war, so wird »für die Industrie das nach außen sie belebende Element das Meer«; sie setzt »durch dies größte Medium der Verbindung entfernte Länder in die Beziehung des Verkehrs«. Mit dem Verkehr werden im Handel und in der Entsendung von Bürgern auch die für die bürgerliche Gesellschaft konstitutiven, auf Freiheit gegründeten »rechtlichen Verhältnisse« über die Erde ausgebreitet. Hegel nennt daher den Handel das »größte Bildungsmittel«; er habe »welthistorische Bedeutung«; mit ihm werde die der bürgerlichen Gesellschaft ihrem Menschenrecht gemäß einwohnende Tendenz, zur Menschheitsgesellschaft zu werden, notwendig verwirklicht werden. Hegel hat in der Vorlesung zur »Rechtsphilosophie« dazu ausgesprochen, daß so auch der Kolonialismus in dem ihm innewohnenden Widerspruch zu den Prinzipien der Freiheit über sich hinausweise. Bereits jetzt seien aus ihm »Emanzipationen« hervorgegangen, »wie die Geschichte der englischen und spanischen Kolonien zeigt« (USA; südamerikanische Unabhängigkeitskriege 1810–1825). Die Befreiung der Kolonien werde sich dabei einmal als »der größte Vorteil für den Mutterstaat« erweisen, »so wie die Freilassung der Sklaven als der größte Vorteil für den Herrn«[12]
Vielleicht wird hier (an einer der wenigen Stellen, an denen Hegel vorblickend vom Künftigen spricht), mit besonderer Eindringlichkeit deutlich, wie verschieden seine Philosophie als Theorie ihres Zeitalters von dem ist, was Kritik und Polemik zu ihrem Bilde gemacht haben. *Hegels Philosophie ist im Ausgang von der Französischen Revolution in allen ihren Elementen und gedanklichen Verzweigungen Philoso-*

phie der sich konstituierenden bürgerlichen Gesellschaft. Als spekulative Philosophie hebt sie den in zwei Jahrtausenden gebildeten Reichtum des philosophischen Gedankens in sich auf, um dafür gerüstet zu sein, die Vernunft der sich vollziehenden Umwälzung zu begreifen.
Das aber hat inhaltlich Bedeutung. In der Wende der Zeit, da sich die industrielle Gesellschaft in der Emanzipation aus dem Zusammenhang der europäischen Herkunft konstituiert und die Weltgeschichte sich anschickt, den Boden der alten europäischen Welt zu verlassen und zur Geschichte des Menschengeschlechts zu werden, unternimmt es Hegel, das alles bestimmende Problem dieser Trennung der alten geschichtlichen und der künftigen neuen Welt der Gesellschaft auszutragen und sie in ihrem Grunde zu begreifen. Während in Frankreich *Auguste Comtes* »Philosophie positive« die Gesellschaft zur einzigen Wirklichkeit des Menschen macht und die Tradition der europäischen Theologie und Metaphysik liquidiert, um an ihre Stelle die »physique sociale« oder »Soziologie« zu setzen, schlägt Hegel den Weg ein, die politische und soziale Revolution der Zeit in den Horizont der bisherigen Weltgeschichte hineinzustellen, um so die substantielle Bestimmung der Gesellschaft zum Begriff zu bringen, die ihr durch ihre für sich gesetzte und isolierte, verselbständigte Theorie nicht abgewonnen werden kann.

II

In diesem Zusammenhang stehen das Problem wie die Theorie der *Subjektivität.* In der »Philosophie der Weltgeschichte« bringt Hegel die Freiheit als das mit der Französischen Revolution gesetzte Rechts- und Staatsprinzip geschichtlich in Beziehung zum Aufgang der Freiheit in der griechischen Polis und dann zum Christentum. Die Geschichte, die damit beginnt, daß mit der Polis eine politische Bürgerschaft in die Welt kommt, deren Bürger Freie sind, gehe mit der modernen bürgerlichen Gesellschaft ihrem Abschluß entgegen. Während in Griechenland nur »einige frei« waren und so die Freiheit als eine »zufällige, unausgearbeitete, vergängliche und beschränkte Blume« noch die Sklaverei und so die »harte Knechtschaft des Menschlichen, des Humanen« bei sich hatte, »wissen *wir*, daß *alle* Menschen an sich frei (sind), der *Mensch* als *Mensch* frei ist«[13]. *In den Zusammenhang dieses weltgeschichtlichen Ganges von der »Freiheit einiger« zur »Freiheit aller« stellt Hegel das Christentum. Mit ihm komme zuerst das Bewußtsein in die Welt, daß der »Mensch als Mensch frei« ist und daß »das Subjekt unendlichen Wert habe«;* im Christentum werde so das »Substantielle des Zweckes des Weltgeistes durch die Freiheit eines jeden« erreicht[14]. Aber diese christliche Freiheit aller steht für Hegel in ihrer alle weltlichen Verhältnisse übergreifenden religiösen Substanz auch unmittelbar in Beziehung zu Recht und Politik. Obwohl an sich mit dem Christentum Freiheit grundsätzlich unabhängig von Geburt, Stand, Bildung usf. werde, habe doch mit seiner Annahme weder »unmittelbar die Sklaverei aufgehört«, noch seien »die Regierungen und Verfassungen, auf eine vernünftige Weise organisiert, auf das Prinzip der Freiheit gegründet« worden. *Daher gehört für Hegel die Freiheit der bürgerlichen Gesellschaft als Freiheit aller positiv in den Zusammenhang der Geschichte christlicher Freiheit.* Sie sei nunmehr als das »in der innersten Region des Geistes« aufgegangene Prinzip »in einer schweren, langen Arbeit der Bildung« in das »weltliche Wesen« hineingebildet worden. Die Freiheit aller, die das Christentum geistig gebracht hat, erhält mit der bürgerlichen Gesellschaft und ihrem Recht *weltliche Existenz*[15].

Aber diese geschichtliche und sachliche Beziehung des Christentums und der modernen industriellen Gesellschaft und ihrer Revolution aufeinander ist damals wie heute der Zeit fremd geblieben. Während für Comte und dann für die Theorie der sozialen Revolution das Christentum mit dem Aufkommen der industriellen Gesellschaft sein Recht verlieren soll, hatte Novalis 1799 mit einer »Die Christenheit oder Europa« betitelten Abhandlung der Revolution das Bild der vergangenen schönen Zeiten entgegengestellt, »wo Europa ein christliches Land war«. In der Trennung von ihnen wird von ihm die Gegenwart negativ durch den Verlust und Verfall des Christlichen bestimmt; sie sei als die »neue Zeit« in ihrer Revolution »rastlos damit beschäftigt, die Natur, den Erdboden, die menschlichen Seelen, die Wissenschaften von der Poesie zu säubern und jede Spur des Heiligen zu vertilgen«[16]. Das wirkt bis heute da fort, wo in der Diagnose der Zeit als »Verfall« der modernen Welt das »christliche Abendland« entgegengehalten und seine Restauration als Heilmittel gegen den jetzigen Verlust der mit dem »Abendländischen« gleichgesetzten christlichen Substanz verordnet wird. Demgegenüber hat Hegel die moderne Gesellschaft nicht nur nicht als Verfall, sondern als Erfüllung der europäischen Geschichte begriffen und die christliche Freiheit mit ihrem rechtlichen und politischen Prinzip verbunden.

Das scheint die Vorbehalte der Theologie gegen Hegels philosophische Deutung des Christentums eher zu bestätigen als zu widerlegen. Es kann so aussehen, als würde bei ihm die dann für die radikale Kritik am Christentum typische Figur vorgezeichnet, daß der reale Kern der christlichen Freiheit die politisch rechtliche sei und daß sie so mit ihrer gesellschaftlichen und staatlichen Verwirklichung ihren religiösen Sinn als bloße Form und als das jetzt überflüssig und historisch Gewordene abwerfen könne.

Aber dagegen steht, daß Hegel den *Begriff christlicher Freiheit in der Bestimmung der Subjektivität aufnimmt.* Wenn er die Menschenrechte auf die christliche Freiheit bezieht, so macht er damit geltend, daß mit ihnen die Freiheit als Freiheit des einzelnen in seiner Subjektivität, religiös in seinem Verhältnis zu Gott, ethisch in seinem Gewissen, allgemein in seinem in der Innerlichkeit des Selbst gegründeten Sein zum Prinzip des Rechts und des Staates wird. Das bedeutet, daß Hegel die christliche Freiheit aller nicht nur nicht zu einer bloßen Übergangserscheinung zwischen der Polis und der universal gewordenen modernen bürgerlichen Gesellschaft herabsetzt, sondern positiv mit der im Christentum gegebenen Bestimmung des Individuums und seiner subjektiven Freiheit das einholt, was weder in dem für sich gesetzten Rechtsbegriff der Freiheit noch überhaupt auf dem Boden der industriellen Gesellschaft als ihrem Begriff immanent vorkommt und vorkommen kann.

Das wird in der Art, wie er methodisch das Prinzip der Subjektivität in das Spiel einbringt, auf eine großartige Weise deutlich. Er geht von der Subjektivität und ihrer Freiheit als einer *»zweiten Gestalt«* der *europäischen Weltgeschichte* aus, die auch bereits durch ihren Ort von dem Schauplatz unterschieden ist, auf dem sich in Europa – vorbereitet in der Aufklärung – die politische Revolution ereignet: *»Die große Form des Weltgeistes«, die sich im Zeitalter der Revolution in der Philosophie Kants, Fichtes, Schellings »erkannt hat, ist das Prinzip des Nordens und, es religiös angesehen, des Protestantismus, die Subjektivität,* *in welcher Schönheit und Wahrheit in Gefühlen und Gesinnungen, in Liebe und Verstand sich darstellt«*[17]. *Während* sich die moderne gesellschaftliche Welt im »Westen« bilde, trete die Subjektivität im »Norden« mit dem Protestantismus in die Weltgeschichte. Die gleiche Figur kehrt wieder, wo Hegel in der »Philosophie der Weltgeschichte« die beginnende Neuzeit als den »Tag der Allgemeinheit« durch das »Edelste und Höchste« kennzeichnet, »was der durch das Christentum frei gewordene Menschengeist als seinen ewigen und wahren Inhalt darstellt«[18]: »Während die übrige Welt hinaus ist nach Ostindien, Amerika . . ., Reichtümer zu gewinnen, eine weltliche Herrschaft zusammenzubringen«, hat in Deutschland ein »einfacher Mönch« die Gewißheit des Glaubens »in dem tieferen Grabe der absoluten Idealität alles Sinnlichen und Äußerlichen, in dem Geiste« und in dem »Herzen« als »eine dem Bedürfnisse des Innersten geschehene Darbietung« gefunden und so den Glauben aus der Äußerlichkeit in »die subjektive Gewißheit des Ewigen, der an und für sich seienden Wahrheit, der Wahrheit von Gott« zurückgenommen. Das Individuum weiß nun, daß das »Herz« und die »empfindende Geistigkeit« als die »Subjektivität *aller* Menschen« in den Besitz der Wahrheit kommen sollen, während »alle Verhältnisse der Äußerlichkeit« für die Bestimmung des Individuums in sich und im Verhältnis des Glaubens »wegfallen«[19].

Wenn man dieser an die Reformation anknüpfenden Bestimmung der Subjektivität zunächst folgt, dann kann es so aussehen, als wolle Hegel sagen, daß sich mit der Zurücknahme des Glaubens aus der Äußerlichkeit in die Innerlichkeit ein »inneres Reich« der Subjektivität in Deutschland bilde, während die westliche Welt in die Wirklichkeit hinausgestürmt sei und das äußere Reich des Menschen, das mit der modernen Gesellschaft Wirklichkeit werden wird, zu bauen begonnen habe. Aber das ist *nicht* der Sinn der Hegelschen Ausführung. Die Subjektivität wird von ihm die *»zweite welthistorische Gestalt« genannt, weil mit ihr die Substanz der Freiheit positiv zum Begriff kommt, die mit der modernen Gesellschaft in der westlichen Welt im Umsturz aller alten Ordnungen zur Basis von Recht und Staat wird.* Daher sagt Hegel, daß Deutschland in der »Nullität« seiner politischen Wirklichkeit in den Philosophien Kants, Fichtes, Schellings an der Revolution positiv teilgenommen hat. Diese Teilnahme hat die konkrete Bedeutung, daß in diesen Philosophien der Subjektivität das Prinzip der Revolution, das sie selbst nur negativ in der Entgegensetzung zum »ancien régime« geltend macht, positiv und als es selbst zu seinem Begriff und an den Tag des Wissens gebracht wird: »Kantische, fichtesche, schellingsche Philosophie. In diesen Philosophien ist die Revolution als in der Form des Gedankens niedergelegt und ausgesprochen ... An dieser großen Epoche in der Weltgeschichte haben nur diese zwei Völker Teil, das deutsche und das französische Volk ... In Deutschland ist dies Prinzip als Gedanke, Geist, Begriff, in Frankreich in die Wirklichkeit hinausgestürmt«[20]. Der Begriff, der in diesen Philosophien ausgebildet wird, ist der Begriff der Subjektivität. In ihnen kommt so an den Tag, daß *das Subjekt der Gesellschaft und des auf Freiheit gegründeten Staates der einzelne als er selbst in seiner Subjektivität ist.*

Dem entspricht, daß Hegel dann auch unmittelbar sagen kann, die Subjektivität sei in der Bewegung der Geschichte von der Reformation bis zu dem, was jetzt geschehen ist, zu ihrer Verwirklichung gekommen: Mit dem Prinzip der Subjektivität sei »das neue, das letzte Panier aufgethan, um

welches die Völker sich sammeln, die Fahne des *freien Geistes*, der bei sich selbst, und zwar in der Wahrheit ist, und nur in ihr bei sich selbst ist ... Die Zeit von da bis zu uns hat kein anderes Werk zu tun gehabt und zu tun, als dieses Prinzip in die Welt hineinzubilden ... Recht, Eigentum, Sittlichkeit, Regierung, Verfassung usw. müssen nun auf allgemeine Weise bestimmt werden«, damit sie der Freiheit des Individuums in seiner Subjektivität »gemäß und vernünftig seien«[21]. Während es zunächst so aussehen konnte, als neutralisiere Hegel die christliche Freiheit in ihrer Beziehung auf die moderne Gesellschaft, zeigt sich jetzt, daß die im Christentum aufgegangene, im Protestantismus aus der Äußerlichkeit in das Selbst des einzelnen zurückgenommene Freiheit sich für Hegel als das Prinzip erweist, das der politischen und rechtlichen Freiheit der Revolution zugrunde liegt und in der bürgerlichen Gesellschaft und in ihrem Recht, Eigentum, ihrer Verfassung, Regierung zu seiner »weltlichen« Existenz kommt. *Nicht die christliche Freiheit der Subjektivität wird im Rechtsbegriff der bürgerlichen Freiheit zum Verschwinden gebracht, sondern es wird gesagt, daß erst dann, wenn man die bürgerliche Freiheit auf die christliche Freiheit der Subjektivität* bezieht, zum Begriff komme, was in der Freiheit aller zur Substanz der Gesellschaft und ihres Rechts und Staates geworden ist.
Was bedeutet das? Hegel greift, um das Subjekt der Gesellschaft zu bestimmen, auf die Subjektivität zurück. Was heißt es, daß er damit einen Begriff des Menschen als Subjekt der Gesellschaft gewinnt, den diese als solche nicht herzugeben vermag?
Wer unvorbereitet der systematischen Darstellung der bürgerlichen Gesellschaft zuerst begegnet, die Hegel in der »Rechtsphilosophie« gibt, wird schnell bemerken, daß sich

hier bereits alle die Bestimmungen finden, von denen später die revolutionäre Theorie von Marx ausgeht: Auflösung der alten Stände und Zünfte in der Verselbständigung der freien, durch die Entäußerung von Geschicklichkeiten definierten Arbeit, Warenproduktion für den Markt, Ersatz der Hand durch die Maschine, Klassenbildung in der Anhäufung des Reichtums in wenigen Händen und ihm gegenüber in Elend und Not die Entstehung einer an die Arbeit gebundenen Klasse in der Erzeugung des Proletariats usf. Aber die Bedeutung und das Gewicht der Theorie Hegels liegen nicht hier; er hat diese Bestimmungen selbst im wesentlichen aus der damals in England aufblühenden politischen Ökonomie übernommen. Er war bereits in Bern mit *James Stewarts* »Inquiry into the Principles of political Economy« (London 1767) bekannt geworden und hat damals einen – wohl endgültig verlorenen – ausführlichen Kommentar hierzu geschrieben. In der »Rechtsphilosophie« beruft er sich neben *Ricardo* und *Say* vor allem auf *Adam Smith*, den er den »Kepler« der industriellen Gesellschaft nennt, weil er zuerst der »Masse der Zufälligkeiten« die sie beherrschenden Gesetze abgewonnen habe[22]. Aber in der Anknüpfung an die politische Ökonomie geht ihm zugleich die *»Abstraktheit« der Gesellschaft* auf; *er begreift, daß sie sich in der Emanzipation aus der bisherigen Weltgeschichte konstituiert.* Smith hatte die bürgerliche Gesellschaft als »System der Bedürfnisse« und so als eine Gesellschaft verstanden, die die »Vermittelung des Bedürfnisses und die Befriedigung des einzelnen durch seine Arbeit und die Befriedigung der Bedürfnisse aller übrigen« zu ihrem *einzigen* Inhalt hat[23]. *Sie unterscheidet sich dadurch von allen sonst in der Geschichte bekannten Reichen, Staaten, Gemeinschaften, daß sie sich allein auf das Naturverhältnis des Menschen beschränkt, das sie zugleich* *zur Form der rationellen Arbeit in der industriellen Nutzung der Natur entwickelt.* Hegel hat sie als »System der Bedürfnisse« daher dadurch gekennzeichnet, daß mit ihr der Mensch zum »Herrn über die Natur« wird. Das hat für die Freiheit des einzelnen entscheidende positive Bedeutung; sie setzt, damit sie sein kann, die Befreiung des Menschen aus der Übermacht der Natur voraus; diese ist die Bedingung dafür, daß der Mensch – ihrer Gewalt nicht mehr ausgeliefert – sich als freies »Subjekt« zur Natur als zu seinem »Objekt« verhalten kann. Hegel hat daher jede romantische und rousseauische Verherrlichung eines ursprünglichen »Naturstandes« zurückgewiesen; sie entspringe aus einem Vorstellen, das sich gegen die Bedeutung der Befreiung verschließt, die in der Arbeit liegt, und blind dafür bleibe, daß überhaupt erst mit der industriellen Arbeitsgesellschaft Freiheit für alle realiter möglich wird[24]. Aber in dieser für die Freiheit konstitutiven Beschränkung der Gesellschaft auf das Naturverhältnis des Menschen liegt für Hegel zugleich das unausgetragene Problem ihrer »Abstraktheit«. Es besteht darin, daß die Gesellschaft so mit Notwendigkeit alle nicht durch das Naturverhältnis gesetzten sittlichen, religiösen, geistigen Ordnungen und Institutionen außer sich hat; sie konstituiert sich in einer Emanzipation aus ihnen. Indem die Gesellschaft einerseits mit der durch sie ermöglichten rationellen Herrschaft über die Natur die Bedingung der Freiheit für alle schafft, bricht sie andererseits als die *»Macht der Differenz und Entzweiung«*[25] *in die geschichtliche Welt ein.* Sie bringt den Menschen in eine gesellschaftliche Existenz, für die alles, was er aus den Substanzen seiner geschichtlichen Herkunft in sich und für sich ist, keine Bedeutung hat. In dieser Entzweiung zerreißt die Kontinuität der Geschichte. Die geistige, sittliche, in der langen Arbeit der Weltgeschichte gebildete Welt und das durch die Gesellschaft gesetzte, auf ihr in der Arbeit vermitteltes Naturverhältnis beschränkte Sein des Menschen treten auseinander. *Die mit der Gesellschaft beginnende Zukunft verhält sich diskontinuierlich zur Herkunft.* Von dieser Entzweiung war Hegel ursprünglich in der Auseinandersetzung mit der Verstandeswelt der Aufklärung ausgegangen, in welcher der Verstand das »Göttliche« und das »Schöne« aus der Wirklichkeit ausschließt und es zu einem bloß Subjektiven macht, das nur noch die Bedeutung des »Aberglaubens« oder eines »wesenlosen Spiels« haben soll. Wo so das Schöne zum »Ding«, der heilige Hain zu »Holz«, der Tempel zu »Klötzen und Steinen« wird, da wird die Natur und die Lebenswelt des Menschen *versachlicht*[26]. Diese Versachlichung und Verdinglichung hatte der junge Hegel noch nur als Werk der Aufklärung und ihres Verstandes begriffen. Dann aber mußte er einsehen, daß sie mit der industriellen Gesellschaft Realität erhält. *Die versachlichte und verdinglichte Welt, die alles »Göttliche« und »Schöne« außer sich hat, wird zu der Wirklichkeit, in welcher der Mensch sein gesellschaftliches Sein erhält.*

Alles, wodurch Hegel hier die mit der Gesellschaft gesetzte »Entzweiung« kennzeichnet, ihre emanzipative Konstitution, die Versachlichung und Geschichtslosigkeit des durch die Gesellschaft gegebenen menschlichen Daseins in der Trennung von seinen geschichtlichen Lebensordnungen und Institutionen sind die Gegebenheiten, die man auch heute vor Augen hat, wenn von der »Säkularisation« der modernen Welt, von der Entpersönlichung und Vermassung des Lebens, von seiner Bodenlosigkeit die Rede ist; wir sind so sehr auf die negative Wertung dessen, was Hegel Entzweiung nennt, fixiert, daß es selbst in der einfachen Wiedergabe seiner

Theorie fast unmöglich ist, den Klang des Negativen zu vermeiden und die Vorstellung fernzuhalten, es sei die Entzweiung mit dem Verfall und Ende des substantiellen Lebens identisch. Gewiß ist auch Hegel von dem »Leiden« an der »Zerrissenheit des Zeitalters« und dem »schmerzlichen Sehnen nach der beseelten Einheit aus fernen Tagen« ausgegangen[27]. Er hat auch später in der Zuwendung zur Gesellschaft der mit ihr gesetzten Entzweiung nichts abgestrichen; er hat immer um ihre Gefahren gewußt und diese in der Möglichkeit vor Augen gehabt, daß die Gesellschaft ihre Sachwelt zur einzigen Wirklichkeit des Menschen machen und ihn für ihre Arbeit ganz an sich reißen kann. Aber *er hat nach dem positiven und vernünftigen Grund der Entzweiung gefragt* und findet ihn auf dem gleichen Wege, auf dem er überhaupt erst erkennen konnte, daß Entzweiung die Konstitutionsform der modernen Gesellschaft ist: indem er sie auf die sich außerhalb des Schauplatzes ihrer Revolution bildende Subjektivität als ihre »zweite welthistorische Gestalt« bezog. Von ihr geht er auch in der Frage nach dem Grund der Entzweiung aus und bringt so in den Zusammenhang der durch die Gesellschaft gesetzten, versachlichten Welt die Bestimmung des Menschen als ihres Subjekts ein, die für sie selber als ein nur Subjektives nichts ist. Er erkennt, daß nur dann, wenn man den einzelnen als Subjektivität begreift, positiv bestimmt werden kann, was es heißt, daß mit dem Menschenrecht der modernen Gesellschaft alle Menschen frei werden, »weil sie Menschen sind, nicht weil sie Juden, Katholiken, Protestanten, Deutsche, Italiener sind«. In der Befreiung des Menschen aus der Macht der Natur schafft die Gesellschaft die Bedingung der Freiheit für alle. Aber zugleich löst sie in ihrer Beschränkung auf das versachlichte und aus allen geschichtlichen Zusammenhängen des Menschseins herausgehobene »abstrakte« Naturverhältnis den einzelnen in seinem von ihr abgetrennten Selbstsein aus allen Formen der Unfreiheit heraus, die zu der Bindung der Freiheit an ihr vorgegebene Ordnungen des Standes wie der Geburt gehört. Sie setzt ihn in seiner Subjektivität frei. Auch in der vom Römischen Recht ausgehenden Lehrtradition gilt der Mensch als frei, der als »Person« rechtsfähig ist und im Recht des eigenen Willens zu anderen Freien als Personen im Rechtsverhältnis steht. Aber für das Römische Recht war die Person zugleich an einen besonderen Stand gebunden. In der Zugehörigkeit der Unfreiheit nicht nur des Sklaven, sondern auch der Kinder, die, auf Leben und Tod der »unbeschränkten Befehlsgewalt« des pater familias unterworfen, »homines alieni juris«, nicht »sui juris« waren, war der Mensch als Person zwar frei, aber sein Personsein setzte die Zugehörigkeit zum Stand des Bürgers voraus. Dem entspricht, daß die »Institutionen« in der Entwicklung des Personbegriffs von der Unterscheidung der Menschen in Freie und Unfreie ausgehen: Homines aut liberi aut servi sunt[28]. Dieses »aut servi« wird mit dem modernen Rechtsbegriff gestrichen; mit ihm gilt allein noch: Homines sunt liberi. Der Mensch ist uneingeschränkt als Mensch zur Person geworden. »Gottlob«, notiert Hegel hierzu in das von ihm der Vorlesung zugrunde gelegte Handexemplar der »Rechtsphilosophie«, »in unseren Staaten darf man die Definition des Menschen – als eines rechtsfähigen – an die Spitze des Gesetzbuches stellen, ohne Gefahr zu laufen, auf Bestimmungen über Rechte und Pflichten des Menschen zu treffen, die dem Begriff des Menschen widersprächen«[29].

Was aber heißt es, daß der Mensch als Mensch Person wird? Es bedeutet negativ, daß seine Freiheit, an keinerlei äußere

Bedingungen des Standes, der Geburt usf. gebunden, von allen Verhältnissen der Äußerlichkeit unabhängig wird. Aristoteles hatte die Freiheit in unmittelbarer Abgrenzung gegen die Unfreiheit des Sklaven definiert: frei sei der »Mensch, der um seiner selbst, nicht um eines anderen willen ist«[30]. Das nimmt Hegel zunächst auf: Freiheit ist »Bei-sich-selbst-sein« des einzelnen; »denn wenn ich abhängig bin, so beziehe ich mich auf ein anderes, das ich nicht bin. Frei bin ich, wenn ich bei mir selbst bin«[31].

Aber diese Freiheit als Bei-sich-selbst-sein des einzelnen kann jetzt nicht mehr wie bei Aristoteles und in der Lehrtradition des Römischen Rechts an einen dem einzelnen äußeren Stand gebunden werden. Wo alle Menschen als Freie Personen werden, da ist der Freie das Individuum als es selbst und in dem, was es als Ich für sich und in sich ist: der einzelne, nicht sofern er Bürger usf. ist, sondern er selbst in seiner Subjektivität wird als Freier Person und zum Subjekt der Gesellschaft, des Rechtes und des Staates. Alles, was für Hegel die lutherische Gewißheit des Glaubens kennzeichnet: Wegfall der Verhältnisse der Äußerlichkeit, Rückgang des Individuums in sich und in das »Innerste der Seele«, des »Herzens«, der »empfindenden Geistigkeit« usf., wird so zur *allgemeinen* substantiellen Bestimmung der Freiheit; sie kommt dem einzelnen als Menschen zu; sie macht ihn als ihn selbst und in seinem subjektiven Sein zum Subjekt. So kommt in der Subjektivität für Hegel allgemein zur Bestimmung, was es heißt, daß alle als Personen frei werden. *Die im Christentum, rein im Protestantismus hervorgetretene Freiheit der Subjektivität hat die ungeheure substantielle geschichtliche wie sachliche Bedeutung, daß mit ihr das Subjekt der modernen Gesellschaft zur Bestimmung kommt: Mit ihr und ihrem Recht wird der einzelne in seiner Subjektivität und in dem ganzen Reichtum seines religiösen, sittlichen persönlichen Seins in das Recht gesetzt, in seinem Leben bei sich selbst und er selbst zu sein.* Recht, Staat und alle öffentlichen Institutionen können jetzt und fortan nur dann noch als Recht gelten, wenn der einzelne in ihnen – nicht mehr sein Selbstsein negierenden äußeren Gewalten unterworfen – als er selbst zu bestehen und bei sich selbst zu sein vermag. Mit der Versachlichung aller Verhältnisse auf dem Boden der industriellen Gesellschaft wird so das persönliche Sein des einzelnen von seinem gesellschaftlichen Sein abgetrennt und aus diesem herausgelöst. Die Gesellschaft gibt als »Macht der Entzweiung und Differenz« dem Menschen in seiner Subjektivität das Selbstsein und die Sphäre des eigenen persönlichen Lebens frei. Daher kann Hegel nicht gelten lassen, daß die Entzweiung Entgötterung der Welt und Verweltlichung der religiösen Substanzen sei; er begreift vielmehr, daß sie die einzige Bedingung dafür ist, daß alle Menschen als sie selbst in ihrer Subjektivität zu einem Leben zu kommen vermögen, in dem sie als Freie bei sich selbst sind.

Wir sind gewohnt, daß in Erörterungen, in denen die mit der modernen Gesellschaft gegebene Versachlichung der Welt als Verfall schwarz in schwarz gemalt wird, gegen sie das Bild der ursprünglich heilen, jetzt in Frage gestellten Familie gesetzt wird. Aber solches idealische Nehmen der »ursprünglichen« Familie hat in der geschichtlichen Wirklichkeit keinen Halt. Sie war als »das Haus« (oikos) seit der Antike bis in die Schulphilosophie des 18. Jahrhunderts hinein Gegenstand der »Ökonomie« als Lehre vom Haus. Diese umfaßte alles »zum Hause Gehörige«: Wirtschaft, Erwerb, Geld, Sklaven, Vieh, Gerät, Weib, Kinder, Erziehung als das in die Gewalt und Hand des Hausherrn Gegebene.

Der Bedeutungswandel, in dem mit dem Aufkommen der modernen bürgerlichen, industriellen Gesellschaft die »Ökonomie« aus der »Lehre vom Haus« zur »politischen Ökonomie« wird, setzt geschichtlich voraus, daß sich *die Formen des Wirtschaftens und Arbeitens vom »Hause« trennen und in der Entzweiung mit ihm zum Inhalt der Gesellschaft werden.* Diese Entzweiung hat damit zugleich in der Ablösung der Arbeit und der durch die Arbeit gesetzten Verhältnisse vom persönlichen Dasein die Familie von den Sachbestimmungen des Hauses in seiner an den Herrn gebundenen Einheit befreit; sie hat sie in ihrem religiösen und sittlichen Begriff verselbständigt und damit allererst als die Gemeinschaft zur Existenz gebracht, in welcher der Mensch als er selbst in seiner Subjektivität, mit den Seinen durch die persönliche Bindung der Liebe verbunden, zu leben vermag.

Als diese Freisetzung und Entlastung des persönlichen Daseins der einzelnen in ihrer subjektiven Freiheit hat Hegel die moderne industrielle Gesellschaft allgemein verstanden. Indem er von der Subjektivität und ihrer Freiheit des Selbstseins ausgeht, begreift er zuerst und im Grunde noch bis heute allein, daß *die Freiheit der Subjektivität in allen für sie wesentlichen religiösen, sittlichen, ästhetischen, persönlichen Zusammenhängen allererst mit der modernen Gesellschaft für alle Menschen als Menschen Wirklichkeit erhält.*

III

Hegels Begründung der modernen Gesellschaft und ihrer in der Emanzipation aus den Substanzen der Herkunft wie in der Entzweiung mit ihnen gewonnenen Sachlichkeit aus dem Grunde der Freiheit der Subjektivität wird kaum noch gesehen und beachtet. Sie ist auch dadurch in den Hintergrund gerückt worden, daß in Hegels Philosophie seit den Jenaer ersten philosophischen Veröffentlichungen die Kritik an der Philosophie der Subjektivität in allen ihren Formen als »Reflexionsphilosophie« im Vordergrund steht. Aber diese Kritik und ihre Schärfe entspringen daraus, daß *sich die Philosophie der Subjektivität, an die Hegel anknüpft, sonst dagegen verschließt, daß die Gesellschaft mit dem, was politisch in der französischen Revolution geschehen ist, die Existenz der Freiheit des Bei-sich-selbsts-seins wird.* Die Subjektivität hat es übernommen, religiös das Wissen um Gott, ästhetisch das Schöne, als Moralität das Sittliche zu bewahren und gegenwärtig zu halten, das auf dem Boden der Gesellschaft in der Versachlichung der Welt zu einem bloß Subjektiven wird. Das ist ihre Größe und ihr weltgeschichtliches Amt. Indem sie sich aber darauf beschränkt, »im Herzen des Individuums ihre Tempel und Altäre« zu bauen, »weil die Gefahr des Verstandes vorhanden ist, welcher das Angeschaute als Ding, den Hain als Hölzer erkennen würde«[32], wagt sie es nicht, sich auf ihre gegenwärtige Welt einzulassen; für sie bleibt Gott allein noch im Gefühl gegenwärtig; sie erkennt die verdinglichte Wirklichkeit nicht als ihre Existenz an; sie traut Gott nicht zu, in dieser gegenwärtig zu sein. Das ist für Hegel das Zeichen der ungeheuren Gefahr, daß die Gesellschaft, von der Subjektivität verlassen und preisgegeben und von ihr nicht als ihre Wirklichkeit erkannt und anerkannt, sich daran machen kann, den Stachel der Entzweiung zu beseitigen und sich zum ganzen und einzigen Sein des Menschen zu setzen. Darum hat er sich gegen die »Moralität« *Kants* gewendet. Sie hat einerseits die Größe der Subjektivität, die für sich beansprucht, bei allem als sie selbst dabei zu sein. Indem Kant aber die Sittlichkeit zugleich ins

Innere verschließt und sie nur als die »Moralität« nimmt, die in der objektiven Wirklichkeit nicht erkennbar und realisierbar sein soll, schlägt Größe in Ohnmacht um; die Moralität soll im »Formalismus« des Sollens »ohne Ausführung bleiben«; Kant erkennt so für Hegel den »Atheismus der sittlichen Welt« an[33]. Im gleichen Sinne hat Hegel den Pietismus und jede Theologie als »Theologie der Verzweiflung« zurückgewiesen, die Gottes Gegenwart *nur* noch im Gefühl und Herzen kennt. Er ist zum Kritiker der »schönen Seele« als der »in der Unwirklichkeit ihrer selbst verglimmenden, edleren Subjektivität«[34] und der romantischen Ästhetik in ihrem Versuch geworden, in die als entgöttert genommene Welt aus dem Herzen des Dichters das Göttliche poetisch phantastisch allererst wieder zurückzuführen. Die Subjektivität hat für Hegel in der Verschlossenheit gegen ihre mit der Gesellschaft gesetzte Wirklichkeit es ebenso politisch unternommen, aus dem Gefühl der Begeisterung einen Staat, wie er sein soll, zu entwerfen. Sie war bereit, den in Jahrhunderten von der Geschichte gebildeten politischen Bau in den »Brei des Herzens, der Freundschaft und Begeisterung zusammenfließen zu lassen«[35].

Das nennt Hegel eine »unermeßliche Verwirrung«; aus ihr soll seine Philosophie im Begreifen dessen, was ist, hinausführen. Dennoch sind wir immer noch dabei, die Freiheit der Subjektivität zu »retten«, indem wir die industrielle Gesellschaft als Verfall schmähen, um irgendwo in uns oder im Ursprung da, wo die Hirten bei der Herde sind, die Eilande einer wahren und eigentlichen Existenz zu suchen. Wir sind blind dafür geblieben, daß in der geschichtlichen Wirklichkeit, *wo sich die Entzweiung erhalten hat*, gegen alle Theorie und alles Bewußtsein die Freiheit der Subjektivität und die Gesellschaft zusammengeblieben sind. Es scheint daher an der Zeit zu sein, daß wir damit aufhören, uns in das Innere zurückzuziehen, das »Abendland« gegen die moderne Welt zu setzen oder immer noch als Romantiker eine wahre und eigentliche Existenz zu erdenken und zu erdichten, sondern zur Vernunft kommen, um so den Geist da zu vernehmen, wo er nicht in bloßen Vorstellungen, sondern in der Wirklichkeit und als diese vorhanden und gegenwärtig ist. *(1961)*

2. Über den Sinn und die Grenze der Lehre vom Menschen

Es ist meine Absicht, mich wenigstens in einigen grundsätzlichen Fragen mit den Bemühungen um eine *philosophische Anthropologie*, um eine Lehre vom Wesen und Sein des Menschen, auseinanderzusetzen, die in der gegenwärtigen philosophischen Diskussion einen so breiten Raum einnehmen. Die Notwendigkeit einer solchen Auseinandersetzung ergibt sich schon aus der Größe und der Würde der Frage nach dem Wesen des Menschen. Aber das ist nicht alles. Diese Frage mag auf den ersten Blick als eine so naheliegende und selbstverständliche Sache erscheinen, daß man erstaunt ist, warum sie von der Philosophie so vernachlässigt und durch Generationen überhaupt nicht gestellt worden ist. Sieht man aber genauer zu, so hält dieser erste Eindruck nicht stand. Es treten alsbald eine große Reihe von Schwierigkeiten auf; es zeigt sich, daß die geforderte Lehre vom Menschen einschneidende Veränderungen in der philosophischen Methodik zur Voraussetzung hat; es zeigt sich weiter, daß sie ebenso nicht unerhebliche Rückwirkungen auf die einzelwissenschaftliche Forschung insbesondere der Geisteswissenschaft in sich schließt. Alles beides ist denn auch deutlich hervorgetreten. So verschiedenartig die Anthropologien gerichtet sind, in einem stimmen sie überein, in der Überzeugung, daß die entwickelte Lehre vom Menschen der Philosophie selbst einen neuen und sicheren Weg zu ihrer klassischen Bedeutung als scientia generalis biete. Und Ähnliches läßt sich für die Einzelwissenschaften sagen. So stellt *Schwarz* seiner »Medizinischen Anthropologie« die zwiefache Aufgabe: »Die Medizin aus ihrer künstlichen Isolierung als technisierte Naturwissenschaft befreien helfen, indem sie ihr wieder die gebührende Stellung in der universitas literarum zuweist; und sie soll umgekehrt aus diesem Einbezogen-sein in ein übergeordnetes Ganzes die innere Struktur der Medizin und das Wesen ihrer Begriffsbildung erhellen«[1]. Und ähnliche Tendenzen lassen sich in der Psychologie, in der Geschichte, in der Soziologie und sogar in der Mathematik beobachten, wie das allerdings isoliert gebliebene Beispiel *Beckers*[2] zeigt; überall sind Bestrebungen nach einer anthropologischen Begründung dieser Wissenschaften zu verzeichnen. In diesem Sinne dürfte es keine Übertreibung sein, wenn man sagt, daß die anthropologische Fragestellung gegenwärtig in steigendem Maße zum Drehpunkt nicht nur der eigentlichen Philosophie, sondern auch weiter Bezirke der Geisteswissenschaften geworden ist. Das ist die Lage, die, wie mir scheint, die Auseinandersetzung mit der Anthropologie nahelegt und die zugleich diese Auseinandersetzung mehr und minder unmittelbar zur Auseinandersetzung um den Sinn und die Aufgabe der philosophischen Arbeit selbst macht. Denn wo im Felde der Wissenschaft die Idee einer Erneuerung und Umordnung so stark und so allgemein wirksam wird, da liegen ihr Störungen und Krisenerscheinungen voraus, die die bisher gültigen Grundlagen in Frage stellen und über sie hinaustreiben. Die Erkenntnis dieser Problem-Voraussetzungen ist die Bedingung der Klärung der Probleme selbst. Zugleich kann man aber ihre Behandlung nicht von den Versuchen isolieren, die zu ihrer Lösung bereits unternommen sind. Gleichgültig also, ob man sich positiv oder negativ zu den gegebenen Problemlösungen oder Lösungsversuchen stellt, sie gehören zur sachlichen Erörterung selbst. Die Auseinandersetzung hat hier also grundsätzliche Bedeutung. Führt sie zur Kritik, so wird diese Kritik zum gewichtigen Instrument des konstruktiven Aufbaus. Unter diesem Gesichtspunkt wollen die folgenden Betrachtungen gesehen sein. Wenn sie gegenüber der philosophischen Anthropologie zu kritischen Resultaten kommen, so wollen sie damit das Problem, von dem sie mittelbar oder unmittelbar getragen ist, in den Vordergrund stellen. Wenn sie den metaphysischen Weg der Anthropologie für illusorisch halten, so wollen sie zugleich den Blick auf diejenigen Aufgaben hinlenken, die es zu bewältigen gilt und die einer vielfältigen und schrittweise vordringenden Forschung bedürfen.

I

Wenn *Scheler* seine Forderung einer philosophischen Anthropologie mit dem Hinweis begründet, daß die Menschheit gegenwärtig keine Idee vom Menschen mehr besitze, nachdem die traditionellen weltanschaulichen Ideenkreise weithin, ja völlig erschüttert seien, so ist klar, daß hinter dieser Forderung von vorneherein eine überwissenschaftliche, eine *weltanschauliche* Absicht steht. Die Philosophie soll die Lehre vom Menschen über den Trümmern des Alten aufbauen. Und sicher steht diese weltanschauliche Erschütterung nicht nur hinter der Schelerschen Konzeption. »Das Leben bedarf«, so sagt schon *Dilthey*, der als der eigentliche Wegbereiter der erneuerten Anthropologie gelten muß, »um Krankheit, Tod, Verkennung zu ertragen einer Bewußtseinsstellung. Gibt diese den meisten Menschen die Religion, so bedarf es nach Auflösung der Dogmen für die gebildete

Klasse einer Form derselben, die religiös oder philosophisch aus Gesinnung entspringt.« (Entw. z. II. Bd. d. Einleitung 1890/95.) Dieses weltanschauliche Motiv ist wichtig, weil sich an ihm das *Ursprungsproblem* der philosophischen Anthropologie ablesen läßt, wie es in den Verhältnissen der Wissenschaften selbst gelegen ist. *Th. Haering* bezeichnet in einem Aufsatz über »Die philosophische Bedeutung der Anthropologie« den Rückgang auf weltanschauliche Motive als eine Bewegung, die für *alle* wissenschaftliche Erkenntnis notwendig ist. Er kommt zu der Folgerung, daß eine nur auf objektive Tatsachen gestützte Anthropologie ohne weltanschauliche Begründung unmöglich sei; es würde »keine wirkliche Anthropologie« geben können, so sagt er, »wenn sie sich nicht auch für eine bestimmte Weltanschauung entscheidet«[3]. Danach muß die weltanschauliche Wendung vollzogen werden, weil – nach der hier zur Sprache kommenden Auffassung – die Wissenschaften als solche und für sich genommen zu keiner einheitlichen Auffassung des Menschen und der menschlichen Welt kommen können. So verbindet sich mit dem Gedanken an die weltanschaulich erschütterte Lage des gegenwärtigen Lebens die Skepsis gegenüber den Einzelwissenschaften und ihrer Methode. Diese Skepsis scheint die notwendige Voraussetzung der Anthropologie zu sein. *Scheler* hat wiederholt ausgesprochen und in seinen eigenen Arbeiten bestätigt, welch ungeheurer Schatz an Kenntnissen über die menschliche Welt durch die Wissenschaft bereitgestellt ist. Gleichwohl stellt er die Forderung einer Anthropologie, weil mit allen diesen Erkenntnissen über das *Wesen* des Menschen und über das Wesen der menschlichen Welt noch nichts gesagt sei. »In keinem Zeitalter«, so sagt er, »sind die Ansichten über *Wesen und Ursprung* des Menschen unsicherer, unbestimmter und mannigfaltiger gewesen, als in dem unsrigen ... Wir sind in der ungefähr zehntausendjährigen Geschichte das erste Zeitalter, in dem sich der Mensch völlig und restlos problematisch geworden ist; in dem er nicht mehr weiß, was er ist; zugleich aber auch *weiß*, daß er es nicht weiß«[4].

Weil die anthropologischen Einzelwissenschaften, die Geschichtswissenschaften, die Psychologie, die Soziologie, die Biologie usw. keine allgemeine und totale Erkenntnis vom Wesen des Menschen selbst vermitteln, wird eine philosophische Anthropologie gefordert. Sie soll die einzelwissenschaftliche Erforschung der menschlichen Welt entweder zu einem Ganzen fügen oder aber durch eine philosophische Untersuchungsmethode überspannen und ersetzen. Es ist deshalb wichtig, sich klarzumachen, weshalb in den anthropologischen Wissenschaften eine solche Wesenserkenntnis in der Tat nicht gegeben wird und zweitens, weshalb auf ihrem Boden der *Schein* entstehen kann, es sei eine solche Wesenserkenntnis notwendig.

Das Wissen, das diese Wissenschaften zur Verfügung stellen, betrifft erstens, genaugenommen, weder »den Menschen« als solchen noch die menschliche Welt als solche. Es ist beispielsweise ungenau, wenn wir sagen, daß die Historie von *›dem‹* geschichtlichen Menschen und *›der‹* geschichtlichen Welt handelt. Was sie gibt, sind Tatsachen und Zusammenhänge, die immer andere konkrete Menschen, immer andere konkrete Gesellschaften, Gruppen, Nationen, Kulturen und immer andere und unterschiedene Kultur- und Lebensformen betreffen. Und das Gleiche gilt für die übrigen Kulturwissenschaften, es gilt für Soziologie, Kunstwissenschaft, Religionswissenschaft, Psychologie usf. Sie handeln alle von ihrem jeweiligen Gegenstandsgebiet, von der Kunst, von der Religion usw. Was sie aber als Forschung, als Wissenschaft kennzeichnet, das ist, daß sie diese *allgemeinen* Fragen stets hinsichtlich *bestimmter* und *spezieller* Erscheinungen und Erscheinungsgruppen stellen. So kann man sagen: alle diese Wissenschaften behandeln den Menschen und seine Welt, aber das bedeutet nicht: den Menschen und seine Welt überhaupt; es bedeutet: sie treiben in spezifizierter Arbeit unser Wissen um den Menschen voran, indem sie auf immer weiterem Felde die unmittelbar oder traditionell gegebenen Tatsachen und Tatsachenzusammenhänge als solche analysierend durchdringen.

Dazu kommt ein zweites Motiv, das diese Erfahrungsgebundenheit allererst zum Problem macht. Dieses zweite Motiv ist die *Verselbständigung der Fachgebiete in der arbeitsteiligen Entwicklung der Wissenschaft.* Während noch die Aufklärung zumindest in kritischer Beziehung über ein einheitliches System der Wissenschaft verfügte, ist diese Einheit in der modernen Wissenschaft durch die zentrifugale Kraft der Arbeitsteilung paralysiert. Mit der Differenzierung der wissenschaftlichen Fächer, mit ihrer fortschreitenden methodischen Verselbständigung, entfremden sich auch ihre Sachgebiete voneinander. Ihr wechselseitiger Zusammenhang wird zum Problem oder verschwindet überhaupt, und insbesondere sind es die großen Klassen der Natur- und Geschichtswissenschaften, die sich als unabhängige Welten gegenübertreten. Aber damit entsteht nun eine höchst quälende Vielfalt der Wahrheit. So wie dem König Midas alles, was er berührte, zu Gold wurde, so wird dem Historiker die gesamte menschliche Welt zur geschichtlichen Welt, dem Psychologen zum psychischen Zusammenhang, dem Biologen zu einer besonderen Klasse der allgemeinen Lebenserscheinungen. Es treten verschiedene Wahrheiten von der gleichen Sache nebeneinander. Je nachdem, welche Wissenschaft die menschliche Welt betrachtet, scheint diese Welt selbst eine andere zu werden. Es folgt das Nebeneinander mehrerer Definitionen vom Menschen. Zwischen ihnen scheint ebensowenig eine Entscheidung möglich wie auf dem Boden der Weltanschauung. Zugleich scheint dieses Nebeneinander mehrerer Definitionen über den Bereich der Wissenschaft hinauszuweisen, und das ist es, was die Anthropologen annehmen: Dieses Nebeneinander hat eine Verschiedenheit der weltanschaulichen Gesichtspunkte zur Grundlage. Weil die Wissenschaften immer eine verschwiegene Anthropologie gleichsam als ihre eigene weltanschauliche Basis vorauszusetzen scheinen, so sagen die Anthropologen, deswegen muß man zuerst und zunächst feststellen, was der Mensch nun eigentlich sei; weil aber die Wissenschaften diese Feststellung nicht selbst übernehmen können, deswegen muß eine solche Lehre vom Menschen sich von ihren Methoden trennen. Deswegen muß sie als *metaphysische* Aufgabe den Einzelwissenschaften vorgeordnet werden, um ihnen den einheitlichen Bezugspunkt zu geben, vor dem sich die Vielzahl ihrer Wahrheiten auflösen läßt. »Es ist die Aufgabe einer philosophischen Anthropologie«, so sagt *Scheler*, »genau zu zeigen, wie aus der Grundstruktur des Menschseins ... alle spezifischen Monopole, Leistungen und Werke des Menschen hervorgehen: so Sprache, Gewissen, Werkzeug, Waffen, Ideen von Recht und Unrecht, Staat, Führung, die darstellenden Funktionen der Künste, Mythos, Religion, Wissenschaft, Geschichtlichkeit und Gesellschaftlichkeit ... das metaphysische Verhältnis des Menschen zum Grund der Dinge«[5]. Das Postulat, aus der »Grundstruktur des Menschseins« alles dies zu entwickeln, ist, wie man sieht, dem einzelwissenschaftlichen Verfahren und seiner ständigen Erweiterung und fortschreitenden Differenzierung unseres Erfahrungsbereiches entgegengesetzt. Es soll alles, es soll die Gesamtheit der Erscheinungen auf Eines zurückgeführt werden, auf das Wesen des Menschen, auf die Grundstruktur seines Seins.

Hier haben wir die Problematik vor Augen, die letzten Endes zur Anthropologie führt. Sie liegt in der Entfremdung der wissenschaftlichen Gegenstandsgebiete beschlossen, wie sie sich mit der arbeitsteiligen Entwicklung der Wissenschaften ergibt. Sie liegt also noch nicht in der Tatsache, daß die anthropologischen Wissenschaften sich nach »Fächern« gliedern. Die mit dieser fachlichen Teilung der Wissenschaft verbundene Aufgliederung der Gegenstandsgebiete selbst führt erst auf Grund ihrer wechselseitigen Entfremdung zu einer Vielheit der Wahrheiten und damit auch der Ideen vom Menschen. Sobald man nun in dieser Entfremdung die eigentliche und die unaufhebbare Voraussetzung der Forschung sieht und nicht ihre möglicherweise kritisch zu behebende Schranke, muß man dazu kommen, sich von den Einzelwissenschaften freizumachen, um das Wesen des Menschen zu suchen. Erst dann wird »der Mensch« zum wissenschaftlichen Problem. Erst dann entsteht auch der Schein, man könne die mit der Entfremdung gegebene Schwierigkeit überwinden, indem die wissenschaftliche Beschäftigung mit dem Menschen aus dem Reich der Erfahrung in das Reich der Weltanschauung überspringt. Aber freilich: Die Schranke für die wesentliche Voraussetzung nehmen, das bedeutet *Skepsis* gegenüber ihrer Überwindung; das bedeutet letzthin die *Entwertung* der Wissenschaften selbst. Eine solche Einschätzung ließe sich nur dann rechtfertigen, wenn die so gewonnene anthropologische Betrachtungsart inhaltlich und methodisch ihrer Aufgabe gerecht werden kann: der Aufgabe der wissenschaftlichen

Durchdringung der menschlichen Welt. Wir haben viele weltanschauliche Deutungen des Menschen; sie alle treten mit dem Anspruch totaler Erfassung auf. Aber eine wissenschaftliche Anthropologie wird nicht sie zum Maßstab nehmen dürfen, wenn anders sie Wissenschaft bleiben und d.h. ihre Erkenntnisaufgabe in der erfahrungsgemäßen Aneignung ihres Gegenstandes erfüllen will. Sie wird im Unterschied zum weltanschaulichen Denken ihr Recht und ihren Sinn nur an dem Nutzen messen können, den sie dem empirischen Wissen um den Menschen zuteil werden läßt. Wie steht es damit, das ist die Frage, die man stellen muß.

II

Übersieht man das, was an philosophischen Anthropologien da ist, so wird man, glaube ich, zwei Hauptformen unterscheiden können, für die einerseits *Scheler* und andererseits *Heidegger* typisch sind. Das eine ist der Versuch, das Wesen des Menschen aus seiner Stellung im Kosmos, aus seinem Verhältnis zur organischen und unorganischen Welt, aus den mannigfaltigen Formen seiner geschichtlich gesellschaftlichen Welt zu bestimmen. Diesen Weg ist Scheler gegangen; es ist der Weg einer objektiv metaphysischen Anthropologie. Das andere ist der Weg Heideggers. Und hier scheint eine Bestimmung schwieriger zu sein. Denn hier scheint es sich gar nicht um eine Anthropologie, sondern um eine metaphysische Ontologie zu handeln. Warum gibt es Seiendes und nicht vielmehr Nichts, das ist die Frage, die Heidegger als die Kardinalfrage der Philosophie bezeichnet. Aber was die Heideggersche Frage nach dem Sein kennzeichnet, ist nun das Fundament, das er ihr gibt. Es »muß die Fundamentalontologie«, so sagt er, »aus der alle anderen erst entspringen können, in der existenzialen Analytik des Daseins gesucht werden«[6]. Die existenziale Analytik bestimmt an unserem Dasein in der Welt, was es als »Existenz« eigentlich ist. Insofern wir in der Welt sind, insofern die Welt gleichsam als Horizont zu unserem Dasein gehört, wird das Sein selbst bestimmbar, wir verstehen uns von ihm her. Weil das so ist, darum kann man, nach Heidegger, von unserem Dasein aus, auch das Sein zum Verständnis bringen. Hier haben wir also keine Anthropologie in dem Sinne, daß das Wesen des Menschen durch den Unterschied zu allen übrigen Wesen bestimmt wird. Dieser Unterschied wird vielmehr im Begriff des Daseins schon in bestimmter Weise vorausgesetzt. Zugrunde gelegt wird unsere Existenz, das Leben, so wie ich oder ein anderer es leben muß. An diesem Leben wird sein eigenes Wesen bestimmt – für Heidegger ist dies »das Sein zum Tode«, die Endlichkeit. Die Auffassung vom Menschen ergibt sich so aus der Analyse der Struktur des je eigenen Daseins, nicht also aus einer Zusammenfassung der Ergebnisse der empirischen »anthropologischen« Disziplinen. Wir haben hier den umgekehrten Weg wie bei Scheler. Es wird das Dasein des Menschen zur Grundlage für das Verständnis der Welt. Ich will diesen Weg im Unterschied zu Schelers Position den Weg der anthropologischen Metaphysik nennen. Beide Wege laufen letzten Endes auf das Gleiche hinaus. Aber um das zu verstehen, muß man beide Wege analysieren. Zunächst also zu Scheler.

1. Es wurde bereits gesagt, daß *Scheler* dem reichen Wissensgut der Forschung durchaus positiv gegenübersteht. Und *in* der Tat hat er in der Durchleuchtung insbesondere der soziologischen und psychologischen Forschung, in der kritischen Sichtung ihrer Methoden und Voraussetzungen,

in der Verbindung und Verknüpfung ihrer Ergebnisse, Außerordentliches getan. Es sei erinnert an seine »Idole der Selbsterkenntnis«[7], es sei erinnert vor allem an seine große Auseinandersetzung mit dem Pragmatismus in der »Erkenntnis und Arbeit« benannten Abhandlung[8]. Aber zugleich läßt sich beobachten, wie Scheler dieser Durchleuchtung überall eine Wendung über die Einzelwissenschaften hinaus zu geben versucht. So geht er beispielsweise von der Relativität aller Naturwissenschaften aus. Aber dabei macht er nun diese Relativität in einer Richtung zum Problem, die den Wissenschaften selbst genau entgegenläuft. Für sie ist die Inkonstanz ihrer Prinzipien nichts anders als die selbstverständliche Folge der ständigen Erweiterung ihres Erfahrungsbereiches. Neue Tatsachen, neue Probleme stellen sie vor die Notwendigkeit, neue Hypothesen auszubilden, bzw. die alten Hypothesen zu revidieren. Anders für Scheler. Aus der Relativität und Inkonstanz der Prinzipien wird das Postulat wahrhaft konstanter Fundamente abgeleitet. Aber diese Konstanten kann zugleich die Wissenschaft selbst nicht mehr geben. Sie werden daher zur Aufgabe einer Wesenserkenntnis von Natur, Realität usw. Neben die wissenschaftliche Erkenntnis tritt damit eine zweite Forschungsrichtung. Sie führt statt zum Relativen zum Beständigen, statt zu den Tatsachen zu ihrem Wesen. Sie ist nicht empirisch, sondern metaphysisch. Dazu sagt Scheler selbst: »Endlich haben die Wesenserkenntnisse eine zwiefache Anwendungsmöglichkeit. Für jedes Gebiet der positiven Wissenschaft (Mathematik, Physik, Biologie, Psychologie usw.) umgrenzen sie die obersten Voraussetzungen des betreffenden Forschungsgebietes. Sie bilden seine ›Wesensaxiomatik‹. Für die Metaphysik aber sind dieselben Wesenserkenntnisse eben das, was Hegel ... ›Fenster ins Absolute‹

genannt hat. Denn alles, was an der Welt und an den Operationen, mit denen der Mensch seine Welt entwirft und erfaßt, *wesenhafter* Natur ist – echtes Urphänomen und Idee –, alles was konstant bleibt, ... setzt der Erklärung der positiven Wissenschaften eine unübersteigliche Grenze ... Das Gelingen des Werkes der positiven Wissenschaften ist gerade davon abhängig, daß sie mit strengem Bedacht die Wesensfrage (z.B. was ist das Leben?) aus ihrem Reich ausschließt. Daher muß beides, die Wesensstruktur wie das Dasein der Welt, auf das absolut Seiende, d. h. auf den gemeinsamen obersten Grund der Welt und des Selbst des Menschen in letzter Linie zurückgeführt werden«[9]. Wie mir scheint, liegt die Umkehrung, die Scheler vornimmt, hier mit aller Klarheit zutage. Das, was die ständig revidierbare Grenze der Forschung ist, wird zum Ansatzpunkt einer höheren, einer metaphysischen Erkenntnis. Die relativen Konstanten der exakten Wissenschaften werden nicht in Hinsicht auf ihre gegenständliche Brauchbarkeit und im Rahmen ihrer relativen Geltung, also kritisch geprüft. Sie werden als relativ anerkannt, nur um auf absolute Konstanten zurückgeführt zu werden. Diese absoluten Konstanten gibt die metaphysische Wesenserkenntnis, diese absoluten Konstanten sind das Wesen der Natur, der Seele, des Tieres, des Menschen. Was ist aber dieses »Wesen«? Gerade weil Scheler nicht in einer abstrakten und formalistischen Methode Metaphysik treibt, gerade weil er sie aus dem Bereich der wissenschaftlichen Forschung zu gewinnen sucht, wird das Geheimnis dieses Wesens entschleiert. Die Wesenserkenntnis und damit die Metaphysik ist hier nichts anderes als die Verabsolutierung der Grenzprobleme und Grundprobleme, zu denen die Forschung in ihrem heutigen Stand gekommen ist, so wie sie sich ergeben, wenn man den derzeitigen Stand der Einzelforschungen übersieht und zusammenfaßt. In diesem Sinne kann man sagen: Die metaphysische Anthropologie, die Lehre vom Wesen des Menschen, ist ihrem Inhalt nach nichts anderes als die absolut gesetzte Zusammenfassung der Ergebnisse und zugleich der Probleme, zu denen die Erforschung der menschlichen Welt bis heute gekommen ist. Scheler hat diese Zusammenfassung in einer erstaunlichen und immer von neuem erregenden Weise gegeben. Indem er sie aber metaphysisch wendet, fügt er ihr inhaltlich faktisch keinen Deut hinzu. Alles was er so sagt, bleibt *inhaltlich*, soviel man es wenden mag: Zusammenfassung des Forschungsstandes.

Geschieht aber nun durch diese Absolutsetzung, durch diese Wesenserkenntnis gar nichts? Es folgt die einschneidende Veränderung im Verhältnis der Philosophie zu den Wissenschaften, von der wir eingangs gesprochen haben. Wenn Scheler das Verhältnis von Geist und Leben und die Abkehr des Geistes vom vitalen Lebensstrom zur Grundlage seiner Wesensbestimmung des Menschen macht, so geht er damit zunächst auf eine Reihe von wissenschaftlichen Forschungsresultaten zurück, die er in Beziehung zueinander setzt. Solche Forschungsergebnisse sind beispielsweise die Einbettung der Bewußtseinssphäre in die unterbewußten Trieb- und Drangstrukturen, oder die sozialgeschichtliche Problematisierung des Verhältnisses der ideellen historischen Faktoren zu dem Realgeschehen usw. Wenn wir so sagen, daß das Bewußtsein nur ein Sektor des gesamten psychischen Zusammenhangs ist, oder wenn wir so sagen, daß die geistigen Mächte dem geschichtlichen Leben selbst entwachsen, so sind das in dem einen und anderen Falle für die Wissenschaft nur abstrakte, nur unbestimmte Allgemeinheiten. Abstrakte Allgemeinheiten: das heißt, sie haben nur

Sinn in bezug auf die konkreten Probleme; sie haben die Bedeutung von Hypothesen, durch die die Probleme formuliert, aber noch nicht gelöst sind. Nur indem wir sie in positiven Untersuchungen anwenden und an das vielfältige Material herantragen, werden sie fruchtbar und haben sie Bedeutung. Für sich genommen, bleiben sie leere Allgemeinheiten, bloße Behauptungen. Nicht so bei Scheler. Indem er sie metaphysisch nimmt, indem er auf sie die Wesensbestimmung des Menschen begründet, verändert er ihren Sinn völlig. Es folgt eine allgemeine und konstante Bestimmung des menschlichen Seins, die als das Wesen, als der Grund und die Möglichkeit der empirischen menschlichen Wirklichkeit auftritt. »Der Mensch«, so sagt Scheler, »als Vitalwesen ganz ohne Zweifel eine Sackgasse der Natur, ihr Ende und ihre höchste Konzentrierung zugleich, ist als mögliches »Geistwesen« ... als ein Wesen, das in dem tätigen Mitvollzug der Geistesakte des Weltgrundes sich selbst zu »deifizieren« vermag, eben noch ein anderes als diese Sackgasse. Er ist zugleich der helle und herrliche Ausweg aus dieser Sackgasse, ist das Wesen, in dem das Urseiende sich selbst zu wissen und zu erfassen, zu verstehen und sich zu erlösen beginnt«[10]. Damit aber wird der wissenschaftliche Sinn des Problems von Geist und Leben faktisch *übersprungen.* Wissenschaftlich ist das Problem von Geist und Natur außerordentlich verzweigt und im Ganzen noch sehr wenig geklärt; jedenfalls stehen hier noch die verschiedensten Perspektiven und Möglichkeiten offen. Es kann beispielsweise im genauen Gegensatz zu der Schelerschen Auffassung die Ablösung des Geistes von der Natur nicht als die Voraussetzung, sondern als das Produkt, als das Resultat weitgreifender genetischer historischer Prozesse verstanden werden. Zumindest ist aber über den Ursprung und die Art der Unterscheidung des Menschen von den übrigen Lebewesen noch gar nichts durch die Konstatierung ihres »metaphysischen« Unterschiedes gesagt. Für Scheler dagegen erscheint die Unterschiedenheit des Geistes vom Leben als die Voraussetzung der gesamten Naturentwickelung, als die Wesensbedingung, auf die der faktische Unterschied des Menschen etwa vom Tier der Möglichkeit nach zurückgeht. Die tatsächliche Unterschiedenheit wird zum »Wesensunterschied« erhoben, die ihrerseits als der Grund der gesamten biologischen Entwicklung erscheint. Das Resultat, oder doch das, was wissenschaftlich möglicherweise als Resultat begriffen werden muß, wird damit zum Grunde im Sinn einer causa finalis. Aber damit muß Scheler eine metaphysische Behauptung an die andere reihen. Er muß überall Begründungen geben und Zusammenhänge herstellen, die gar nicht mehr im Bereich der Forschung liegen. Weil er das Geistproblem von einer apriorischen Begründung abhängig macht und weil er den Geist als »Wesen« nimmt, deswegen muß er, um zur konkreten Analyse zu kommen, zunächst die Erfahrung überschreiten und den Geist aus dem »Urgrund aller Dinge« ableiten. Das menschliche Leben wird zur Selbstvergottung, der Mensch zur höchsten Stufe einer hierarchisch geordneten Natur, er wird zu dem ewigen Neinsager gegenüber dem Leben usf. – alles Bestimmungen, die, wie man sieht, derartig allgemein sind, daß die Wissenschaft selbst sie aus ihrem Bereich ausschließen muß, wenn sie als Wissenschaft verfahren will.

Es folgt so notwendig, daß die Anthropologie den Zusammenhang mit den Wissenschaften verlieren *muß*, auch dann, wenn sie sich, wie bei *Scheler*, ständig an ihren Problemen und Resultaten orientiert. Die Bestimmungen, die sie gibt, sind wissenschaftlich nicht kontrollierbar. Man kann sich zu ihnen stellen, wie man will; sie sind keinesfalls theoretisch beweisbar. Die Anthropologie ist metaphysisch, das heißt nichts anderes als daß sie sich von den Wissenschaften losgelöst hat. »Nur suche man«, so sagt Scheler selbst, »in letzter Linie nie theoretische Gewißheit, die dem Selbsteinsatz vorhergehen soll. Erst im Einsatz der Person ist die Möglichkeit eröffnet, um das Sein des durch sich Seienden zu wissen«[11]. Einsatz der Person, das bedeutet eine ethische, eine weltanschauliche, eine subjektive Entscheidung. Sie wird zur Voraussetzung der Erkenntnis gemacht.

2. Geht man von Scheler zu *Heidegger* weiter, so tritt man aus der Phase des noch schwankenden Kampfes um das Verhältnis von Metaphysik und Wissenschaft in die Phase einer eindeutig vollzogenen Entscheidung dieses Kampfes ein. Es wurde schon gesagt, daß die Rolle der Anthropologie bei Heidegger eine andere ist als bei Scheler. Die Bestimmung des Menschen wird in einer Analyse des unmittelbaren je eigenen Daseins gesucht. Während Scheler das Menschsein vom »Grunde der Dinge« aus zu erfassen sucht, wird hier umgekehrt die Interpretation des Daseins der Ansatzpunkt für die Gewinnung des Verständnisses von Sein. Hinzu kommt weiter die grundsätzlich andere methodische Verankerung dieser Daseinsanalyse selbst. Die Schelersche Anthropologie suchte ständig die gegebenen wissenschaftlichen Forschungsergebnisse der Psychologie, der Biologie, der Soziologie usw. einzubeziehen, um so das menschliche Sein in seinem Unterschied zu anderem Sein und zugleich in seiner Verflechtung mit ihm und in möglichst enger Anlehnung an die objektiv konstatierbaren Tatbestände zu erfassen. Anders Heidegger. Er macht das Dasein als menschliches Dasein in der ihm eigenen Seinsverfassung unmittelbar zum Thema. Er durchdringt analytisch dieses Dasein,

indem er alle in der wissenschaftlichen Deutung und Verarbeitung bereits vorgegebenen Bestimmungen ausschaltet, um das *ursprüngliche Wesen* des Daseins an Hand des ihm unmittelbar eigenen Seins- und Weltverständnisses zugänglich zu machen.

Wird mit diesem Verfahren die subjektivistische Wendung der Philosophie, wird mit ihm die Unterordnung der Erkenntnis unter außerwissenschaftliche »lebensmäßige« Entscheidungen vermieden, die, wie wir sahen, sich schließlich als die letzte Voraussetzung der Schelerschen Metaphysik entpuppte?

Sie wird nicht nur nicht vermieden, sondern – und das ist das Radikale der Heideggerschen Position – zum Prinzip der Daseinserkenntnis gemacht. Das ist in jedem Fall – gleichgültig ob man diesen Ausgangspunkt bejaht oder verneint – ein großer Schritt voran; denn so wird der verschwiegene Zentralpunkt der philosophischen Anthropologie aus dem Zwielicht unbestimmter Allgemeinheit und unkontrollierter Einwirkung in das helle Licht gestellt und als solcher ausdrücklich anerkannt. Das damit zur Anwendung kommende Verfahren sieht im großen folgendermaßen aus: Die Daseinsfrage wird zunächst von der Problematik der Einzelwissenschaften abgehoben. Diese Abhebung wird an den Anfang gestellt und kritisch durch den Nachweis der abgeleiteten, nicht ursprünglichen Gegenständlichkeit wissenschaftlichen Denkens bekräftigt. Descartes, sagt Heidegger, hat das »cogito« analysiert, aber das »sum« unbestimmt und unerörtert gelassen; und mit Descartes nimmt alle wissenschaftliche Theorie und ebenso die vorherrschende antik-christliche Theorie den Menschen zunächst als »gegenständlich Vorhandenes«, dessen ursprüngliche, nichtgegenständliche Seinsart hinter dem cogito, hinter der

Vernunft und ihren Begriffen verschwindet. Demgegenüber fordert Heidegger als erstes den Rückgang auf das Leben selbst und auf die Fundamente, von denen aus und mit denen Leben sich selbst versteht. Das ist zunächst die Fortführung der *Diltheyschen* Lebensphilosophie. Während aber die herkömmliche Lebensphilosophie sich mit der einfachen Gegenüberstellung des »irrationalen und unfaßbaren« Lebensstromes und der wissenschaftlichen Begrifflichkeit begnügt, während auch Dilthey selbst das Leben als die konstante und immer identische Lebenswirklichkeit unbestimmt läßt und von ihm aus vor allem und in der Hauptsache die innerwissenschaftliche Differenzierung der Natur- und Geisteswissenschaften begründet, geht Heidegger weiter. Auch er macht das menschliche Leben als Dasein zum Problem, aber so, daß es von vorneherein als gegliedertes und in seiner Seinsart bestimmbares Sein verstanden wird. Die wissenschaftliche Begriffsbildung ist dem Leben nicht darum unangepaßt, weil das Leben »irrational« ist, sondern weil sie umgekehrt eine Allgemeinheit besitzt, die gerade gegenüber der Prägnanz der Daseinsstruktur versagt und sie darüber hinaus verdeckt. Während also Scheler *trotz* seiner engen Anlehnung an die gegenständliche Problematik der menschlichen Welt zur subjektivistischen Vorordnung der Entscheidung über die Erkenntnis kommt, macht Heidegger diese Vorordnung zum Prinzip der ganzen Untersuchung. Das Dasein des Menschen ist Dasein in der Welt. Es entwickelt Seinsverständnis; zu diesem ursprünglichen Seinsverständnis gehört auch als spezielle (allerdings abgeleitete) Spielart die Erkenntnis im wissenschaftlichen Sinn. Ihr Aufbau folgt mit einer Daseinsart, die, wie Heidegger sagt, »uneigentlich« geworden ist und die die ursprüngliche Bedeutsamkeit alles Seins in bloße Gegebenheit verwandelt hat. Die subjektivistische Wendung wird so von Heidegger vollzogen, um mit ihr ein Instrument zu gewinnen, mit dem sich die Verdeckung der ursprünglichen Daseinsstrukturen durch die wissenschaftliche Denkungsart überwinden und durchbrechen lassen soll. Hier wurzelt die existenzialanalytische, anthropologische Fragestellung Heideggers. Es wird bejaht die Daseinsgebundenheit der Erkenntnis, es wird bejaht ihr »weltanschaulicher« Lebensgrund, gegen dessen Einfluß sich die Forschung ihrerseits in ständiger Abwehr befindet.

Eine konsequentere Formulierung scheint nicht möglich zu sein. Wenn irgendwo, so muß der Subjektivismus, wie er der metaphysischen Wesenserkenntnis eigen ist, hier sein Recht und seine Kraft erweisen. Er muß sein Recht erweisen, das bedeutet, er muß die theoretische Deutung und Entfaltung des unmittelbaren Daseinsverständnisses möglich machen, das bedeutet zugleich, er muß für das wissenschaftliche Verfahren zumindest der den Menschen betreffenden Disziplinen eine tragfähige Grundlage abgeben. Wird das erreicht oder nicht? Kommt die Philosophie hier zu einer *positiven* Lösung der ihre eigene Problematik bedingenden Dialektik des wissenschaftlichen Denkens oder folgt auch hier ähnlich wie bei Scheler die Verabsolutierung bestimmter Phänomene und damit in der Konsequenz die Abwendung von der Ausgangsproblematik?

Hier werden nun die beiden Phasen wichtig, in denen Heidegger die Daseinsanalyse durchführt: die »vorläufige« Zeichnung der »durchschnittlichen« Alltäglichkeit und zweitens die Zurückführung der so gewonnenen Strukturen auf das »Wesen« des Daseins in seiner »Eigentlichkeit«. Heidegger geht aus von der durchschnittlichen Alltäglichkeit; an ihr werden bestimmte Momente herausgehoben: Umwelthaftigkeit, Miteinandersein, besorgendes Verhalten, Neugier usw. Soweit diese Bestimmung kritisch ist, ist ihre Bedeutung klar. Weder unser eigenes Dasein noch die zu ihm gehörige Welt lassen sich als bloße Gegebenheit verstehen. Alles ist eingebettet in den Zusammenhang des Lebens, diese Zugehörigkeit gibt Gestalt, Sinn und Bedeutung. Ausgeschaltet wird jede Form der Vergegenständlichung, die Bedeutsamkeit und Sinnhaftigkeit erst abzuleiten sucht aus irgendwelchen »elementaren« Gegebenheiten. Aber hier sind nun die gleiche Bemerkung, der gleiche Einwand am Platze, die schon Scheler gegenüber geltend gemacht wurden. Alle von Heidegger herangezogenen Momente sind *formal* allgemein. In dieser Hinsicht unterscheiden sie sich in keiner Weise von den Kategorien und Prinzipien einer gegenständlichen Metaphysik, so sehr sie ihnen inhaltlich und gleichsam ihrem Ort nach entgegengesetzt sind. Für die Soziologie, für die Historie, für die Psychologie usw., aber nicht nur für sie, sondern auch für unser erfahrungsmäßiges praktisches Wissen ist die Alltäglichkeit mitsamt ihren Strukturmomenten ein höchst variabler Komplex. Sie hat in anderen Schichten, bei anderen Völkern und Nationen, zu anderen Zeiten ein immer anderes Aussehen. Und das bedeutet: man kann das, was sich über sie als Alltäglichkeit allgemein aussagen läßt, nur in bezug auf ihre konkrete Vielfalt fruchtbar machen. Man muß sehen, diese Allgemeinheit zu konkretisieren und in das Material hineinzutragen. Entscheidend ist, daß sie außerhalb dieses Bezuges »leer« bleibt. Wir kommen hier, wie man sieht, mit Notwendigkeit auf das gleiche Argument zurück, das wir schon Scheler entgegenhalten mußten. Auch Heidegger löst sich mit der Erarbeitung der Daseinsstrukturen von der empirisch wissenschaftlichen Verfahrensart los. Auch er wendet die zunächst im kritischen Gegensatz gegen die wissenschaftliche Vergegenständlichung gewonnene Daseinsanalyse ins Metaphysische. Das liegt schon in der Formalisierung der Alltäglichkeit beschlossen, mit der ihre historische und soziale Varianz zu einem sekundären Problem wird.

Aber dazu kommt ein zweiter Schritt. Heidegger sucht zu bestimmen, was dieser formalisierten Alltäglichkeit *ursprünlich* zugrunde liegt. In seiner Sprache heißt das: »Solange die existenziale Struktur des eigentlichen Seinkönnens nicht in die Existenzidee hineingenommen wird, fehlt der eine *existenziale* Interpretation führenden Vorsicht die Ursprünglichkeit.« (Sein und Zeit, S. 233.) Gefordert wird die Bestimmung dessen, was das alltägliche Dasein *ursprünglich* ist. Ursprünglichkeit bezeichnet dabei dasselbe, was bei Scheler »Wesen« meint. Das ursprüngliche Dasein ist auch das eigentliche Dasein. Es bestimmen heißt, das Wesen unserer Existenz bestimmen. Während aber Scheler die Grundbegriffe des gegebenen Forschungsstandes zu den konstanten Wesenheiten verabsolutiert und so gleichsam wider Willen dem Subjektivismus verfällt, macht Heidegger an diesem Punkt den Schritt zum Subjektivismus unmittelbar und in bewußter Absicht. Die Eigentlichkeit, die Ursprünglichkeit des Daseins, wird an meinem je eigenen Dasein entwickelt. Das, worin dieses mein Dasein sich vollendet, das bestimmt sein Wesen. Worin liegt diese Vollendung? Sie liegt nach Heidegger im Tode. Unser Dasein ist endliches Dasein. Und hier wird dann der dritte Schritt getan. Der Sinn vom Sein, so wie er an unserem Dasein gewonnen wird, wird zum Problem. Steht Dasein in der Zeitlichkeit, so wird die Zeit zum Problem des Seins selbst. »Offenbart sich die Zeit selbst als Horizont des Daseins?«, mit dieser Frage schließt Heidegger den ersten Band seiner Ontologie.

Ich muß zugeben, daß das Gesagte vielleicht allzusehr vereinfacht und viele tiefe Probleme Heideggers beiseite läßt. Aber ich glaube andererseits, daß es das *Grundsätzliche* trifft. Diese grundsätzlichen Momente sind: Erstens die Formalisierung der Alltäglichkeit, aber nicht um die so gewonnenen allgemeinen Bestimmungen auf die historische oder soziale und als solche variante Wirklichkeit anzuwenden, sondern um durch sie das »Wesen« des Daseins zu bestimmen. Es ist zweitens die These, daß sich das ursprüngliche Wesen allen menschlichen Daseins unbeschadet seiner Verschiedenheit als solches und zwar an meinem eigenen individuellen Dasein bestimmen läßt. Wer einigermaßen mit der Arbeit etwa der Psychologie vertraut ist, der weiß, wie umstritten gerade heute das Problem der Individualität ist. Nichts davon bei Heidegger. Es ist natürlich richtig, daß überall, wo Menschen existieren, sie selbst es sind, die existieren. Zu behaupten aber, daß deswegen ihre eigene Existenz auch die Konstante alles Existierenden sei, das ist nichts als die Verabsolutierung einer ganz formalen Allgemeinheit. Daß dieser Formalismus Heideggers nicht ohne weiteres sichtbar wird, das liegt an der Wendung, die Heidegger ihm gibt, indem er scheinbar etwas sehr Inhaltliches in den Mittelpunkt stellt: den Tod. Was wird aber mit dieser inhaltlichen Wendung faktisch gesagt? Daß alle Menschen sterben müssen, daß ich sterben muß, das ist zunächst eine Banalität. Diese Banalität erhält bei Heidegger ihre tiefere Bedeutung dadurch, daß von ihr aus das Wesen unseres Daseins bestimmt wird. Unser Leben hat seine eigentliche Bedeutung darin, daß es zum Tode führt. Mit dieser Feststellung wird der Boden objektiver Gedankenführung, wie mir scheint, völlig verlassen. Die ungeheure Komplexheit, die Geschichtlichkeit der Bedeutsamkeiten, in die alle individuelle Lebensführung gewissermaßen eingehüllt ist und die durchaus der Gegenstand objektiver Untersuchungen sein kann, erscheint jetzt als die bloße Verdeckung der einen wahren Existenz: des Seins zum Tode. So sagt Heidegger: »Der Tod als Ende des Daseins ist die eigenste . . . gewisseste und als solche . . . unüberholbare Möglichkeit des Daseins.« Und er sagt zweitens: »Das alltäglich verfallende Ausweichen vor ihm ist ein uneigentliches Sein zum Tode. Uneigentlichkeit hat mögliche Eigentlichkeit zum Grunde.« (Sein und Zeit, S. 258f.) Das heißt: Alle Lebensmöglichkeiten lassen sich ihrem Wesen nach auf dieses Eine zurückführen. Aber diese Möglichkeit läßt sich ihrerseits nicht mehr theroretisch beweisen. Ich muß mich entschließen zu diesem eigentlichen Dasein, ich kann es anerkennen oder nicht. Ich muß, wie Heidegger sagt, erst zu meinem Tode vorlaufen, um zu verstehen, was das eigentliche Dasein ist. Diese Erkenntnis ist also nicht Sache der Untersuchung, der Forschung, der Erfahrung. Sie ist Sache der Entscheidung, der existentiellen Entscheidung, wie Heidegger sagt. Lebe ich nicht in ihrem Sinn, dann wird auch mein Selbst-, Welt- und Lebensverständnis uneigentlich. Man sieht, wie hier das, was bei Scheler am Schlusse stand, an den Anfang tritt: Die Abhängigkeit der Erkenntnis von der Existenz.

Gewiß, alle Erkenntnis und gerade auch die wissenschaftliche Erkenntnis ist eine Angelegenheit von der größten Lebensbedeutung. Wird sie fraglich, so wird sie es als die Lebensbedeutung der Wissenschaft. Kann man aber dieser Fraglichkeit dadurch gerecht werden, daß man sich aus ihr in das Leben selbst zurückwendet? Der Arzt, der eine Therapie geben will, untersucht den Patienten auf das sorgfältigste; er beobachtet alle Symptome, er gibt sich ganz der Diagnose hin, um auf Grund dieser Diagnose zur Therapie zu kommen. Bei Heidegger und in der metaphysischen Anthropologie überhaupt liegt es umgekehrt. Man muß die eigentliche Existenz, man muß die Therapie haben, um zur Erkenntnis, zur Diagnose zu kommen. Ist dies der Weg der Philosophie, so muß ihr die für die Forschung und gerade für die lebendig wirksame Forschung notwendige Lösung von allen Voranahmen, von allen persönlichen Meinungen und Interessen fremd bleiben. Sie kann nicht auf dieselbe Weise wertvoll und wirksam sein, wie die Wissenschaft es ist. Man muß aber sehen, wohin dieser ihr Weg führt. Er führt zur Skepsis, zum Subjektivismus und Mystizismus. Auf dem Boden der anthropologischen Metaphysik läuft die Philosophie auf die Absolutsetzung des eigenen Ich hinaus. Das ist die letzte und zugleich die notwendige Konsequenz der Anthropologie als metaphysischer Lehre vom Wesen des Menschen.

III

Hier ist nunmehr eine kurze Zusammenfassung möglich. Es wurde eingangs gesagt, daß von der Anthropologie die Herstellung der alten autonomen Stellung der Philosophie erwartet wird. Und in der Tat erreicht sie diese Autonomie, aber auf Grund eines Verzichts auf Objektivität, auf Grund des Übergangs zum Subjektivismus. Es wurde gesagt, daß die Problemvoraussetzung der Anthropologie letzten Endes die arbeitsteilige Entfremdung der Einzelwissenschaften ist. Wird aber diese Schranke durch die Anthropologie beseitigt? Keineswegs. Indem die Philosophie sich zur Anthropologie wendet, wird sie zur Metaphysik, das heißt, sie löst schließlich den Zusammenhang mit der Wissenschaft überhaupt. Sie tritt ins Reich wissenschaftsfremder Weltanschauung über. Nur auf diesem Boden kann eine Lehre vom Wesen des Menschen gedeihen. Fragen wir, welche Bedeutung diese Lehre für die Wissenschaft und ihre Probleme hat, so ist die Antwort: allenfalls, wie bei Scheler, die Bedeutung einer Zusammenfassung des derzeitigen Forschungsstandes, einer Zusammenfassung, die in der Form der Metaphysik aber zugleich den Blick für die hypothetische Allgemeinheit dieses Forschungsstandes und damit den Blick für das verliert, was für den wissenschaftlichen Progreß allein entscheidend ist. Die Philosophie gewinnt in der Anthropologie den glänzenden Schein einer Weltanschauung, aber sie verliert ihre wissenschaftliche Funktion, ihre Rolle als Förderin und Helferin entwicklungsfähiger, die bloßen Subjektivismen einschränkender Erkenntnis. Muß die Philosophie, um überhaupt ein Arbeitsfeld zu behalten, diesen Verlust mit allen seinen Folgen auf sich nehmen? Ich glaube, man muß diese Frage verneinen. Das Problem, das zur Anthropologie führt, ist die wissenschaftliche Erkenntnis selbst, ist die Schranke, die sich aus ihrer Entwicklung ergibt. Statt diese Schranke in der Metaphysik faktisch anzuerkennen, vermag die Philosophie diese Schranke selbst zum Problem zu machen. Tut sie das, so ist ihr Problem das gleiche wie das der Wissenschaft überhaupt. Tut sie das, so wird sie auf die Durchleuchtung und Durchdringung der zwischen den Wissenschaften bestehenden methodischen und gegenständlichen Beziehungen, auf die Analyse ihrer Voraussetzungen, Grundbegriffe und Ergebnisse verwiesen. Tut sie das, so wird sie statt metaphysisch kritisch. Damit verliert sie freilich ihre Absolutheit und ihre Autonomie. Sie bleibt an die Bedingungen der wissenschaftlichen Entwicklung selbst gebunden. Aber wird sie dadurch lebensfremder? Wird sie dadurch bedeutungslos? Hier liegt die Frage, um die sich letzthin alles dreht. Metaphysik und Anthropologie wenden sich gegenwärtig faktisch *gegen* die Wissenschaft und damit auch gegen die Lebensbedeutung der wissenschaftlich gesicherten Erkenntnis. Und hier liegt die über die Wissenschaft hinausgreifende Gefahr der metaphysischen Wendung. Die allseitige und stets erweiterbare wissenschaftliche und erfahrungsgemäße Begründung unserer Welt- und Menschenkenntnis ist das Gut, um dessen Schaffung die klassische Philosophie im Kampf gegen die Metaphysik gerungen hat. Will man die Lebensbedeutung der Philosophie bestimmen, so kann sie nur die sein, gegenüber allem spekulativen, gegenüber allem mystischen und subjektivistischen Denken den Sinn der objektiven Erkenntnis, der rationalen Klarheit und die Erweiterung unserer wissenschaftlichen Erfahrung zu sichern. Hier und nicht in der Prophetie liegt der Sinn philosophischer Arbeit. Wie Sokrates in den Werkstätten Athens zu Hause war, so muß die Philosophie in den nüchternen Werkstätten und Laboratorien der Wissenschaft zu Hause sein. Dort findet sie ihre kritische und damit zugleich fortschrittliche Aufgabe. *(1933)*

3. Über das Lachen

I

Man hat gesagt, daß das Nachdenken über das Lachen melancholisch macht. Indem das, was im Lachen erscheint, das Lächerliche, als solches bedacht wird, verstummt das Lachen, und es treten diejenigen Elemente des Lebens hervor, in denen es seine Brechungen, seine Zacken und Kanten, seine innere Zweideutigkeit hat. Nimmt man das, wovon der triviale Witz und der gewöhnliche Spaß handeln, ernst und d. h. pragmatisch als das, was da wirklich geschieht, so ist der Anblick nicht heiter. Der Mensch erscheint als die geschlagene und gestoßene, als die abirrende und taumelnde Kreatur. Schiffbruch und Bergabstürze, Katastrophen und Zerstörungen, verschwenderische Frauen und trunkene Männer, unsinnige Liebhaber und dürftige Narren bilden die Welt, aus der hier das Lachen zu leben pflegt. Mit der hohen Komödie gesellen sich diesem das Unechte und Scheinhafte, die Heuchelei und die Gier, die Anmaßung und die Verstellung zu. Es erscheint die Torheit des Menschen schlechthin, dem das Niedrige als Hohes, das Barbierbecken als goldener Helm die Illusion des Idealen erzeugt. Es scheint im Lachen immer um Dinge zu gehen, die als solche und pragmatisch genommen genauso den Lebensmächten zugehören können, die der Heiterkeit und dem Glück entgegenstehen und Anlaß auch des Schmerzes, der Melancholie und der Skepsis gegen Größe und Wert des Lebens bedeuten.
Wilhelm Busch ist das große Beispiel. Aber vor allem: Wil-

helm Busch zeigt auch, daß das Lachen keineswegs darum hier sein Feld hat, weil die Dinge, die geschehen, nicht so schlimm sind und ein gutes Ende trotz allem sehen lassen. Die Dinge, die bei Busch geschehen, kennen mit wenigen Ausnahmen kein Beinahe und keine Abschwächung. Ihr Ende ist schlimm, und es ist eindeutig. Der Mensch ertrinkt und erfriert, er wird zermahlen, und er verbrennt:

»Und hilflos und mit Angstgewimmer
Verkohlt das arme Frauenzimmer.
Hier sieht man ihre Trümmer rauchen,
Der Rest ist nicht mehr zu gebrauchen.«

Aber dazu kommt ein Zweites. Das Lachen (was immer sein Wesen sein mag) lebt nicht allein im Glanz lebensverklärender Heiterkeit. Der Lachende ist auch der Thersites und das Lachen die Bewegung des Spottes, die sich an Großes und Hehres hängt, um es in die Lächerlichkeit herabzuziehen und kleinzumachen.

Im »Julius Cäsar« heißt es:

»Und viele Feinde leben um uns her,
Und manche, fürcht ich, die da lächeln, tragen
Im Herzen tausend Unheil« (IV, 1).

Was hat es mit diesem Tatbestand auf sich? Sollte man der Meinung sein, daß es sich bei ihm nur um den äußersten Grenzfall des Lächerlichen handelt, so wird man doch zumindest das eine festhalten und zugeben müssen, daß nämlich das Lächerliche nie das Geordnet-Vollendete oder das für das Dasein je Maß gebende Schöne und Gute, sondern immer von der Art dessen ist, was herausfällt, dem Gehofften und Erwarteten entgegenläuft, was aus der Reihe tanzt und das, was sein will oder soll, zum Schein macht als das dem Ernst und der allgemeinen Ordnung der Dinge und des Lebens schlechthin Entgegenstehende.

Von diesem Entgegenstehenden als dem Lächerlichen her ergibt sich die eigentliche Schwierigkeit für die Deutung des Lachens, sofern es selbst von innen her und als Ausdrucksbewegung gesehen nicht dem Gefühl der Nichtigkeit und der Verstimmung, sondern vornehmlich den positiv bejahenden Verfassungen der Freude, der Lust, des Vergnügens, der Heiterkeit und Laune zugehört. Es ist dies der Punkt, auf den die Theorie des Lachens immer wieder gestoßen ist und an dem sie gezwungen wird, sich auszuweisen und zu rechtfertigen. Wohl steht es frei, das Lachen als physiognomisch-mimische Äußerung und Verlautbarung auch abgelöst vom Lächerlichen und seinem Anlaß zu sehen, sofern es auch ein grundloses Lachen, sowohl als überquellenden Ausbruch gesteigerter Laune wie als Reflex und Zeichen etwa höchster Ermüdung und überreizter nervöser Abspannung gibt. Aber solch grundloses Lachen ist unter der Vielfalt seiner Formen sicher nur Grenzfall und zudem eine Erscheinung, die da, wo sie begegnet, immer auffällt und bemerkt wird, weil sie nicht das Gewöhnliche und Regelmäßige ist. Wenn man für alle unmittelbaren Ausdrucksbewegungen sagen kann, daß sie unmittelbar zum Aussehen innerer Verfassungen dazugehören und in dieser Zugehörigkeit auch ihrem Sinn und Wesen nach definiert sind, so gilt dies jedenfalls nicht für das Lachen. Es ist nicht von ihrer Art, d. h. es ist nicht in der Einheit mit einer inneren Stimmung, etwa der Heiterkeit, schon verstanden, so wie die Leichtigkeit und Gelöstheit des Sichgebens, der Haltung, des Ganges, das Strömende der Bewegung, das Trällern und Pfeifen oder der Glanz und das Strahlende des Blicks unmittelbar als Heiterkeit verstanden und auch angesprochen werden. Die Ausdruckskategorie gibt nicht das unterscheidende und damit wesentliche Kennzeichen des Lachens ab. Sie begreift es nur so unter sich, wie sie dann überhaupt alles menschliche Verhalten, Handeln und Leiden, auch sofern es nicht zum Ausdruck bestimmt ist, unter sich begreift, aber sie ist so eine mitgehende und dazukommende qualitative Bestimmung, nie das Wesentliche, mit dem der jeweilige Verhalt als solcher gekennzeichnet werden kann. Entscheidend für diese Abgrenzung des Lachens von den unmittelbaren Ausdrucksbewegungen ist dann positiv, daß Lachen in der Regel und zunächst immer ein Lachen-über ist und so in dem, worüber je gelacht wird, im Lächerlichen also, dessen Vernehmen und Auffassen es ist, seinen ausweisenden Grund hat. Dem Lachenden wird die Frage gestellt, warum er lacht. Das Lachen ist demgemäß wesentlich welthaft und d. h. in der Begegnung mit dem Grunde, an dem es entsteht, bestimmt[1]. Diese Bestimmtheit unterscheidet es von aller unmittelbaren Ausdrucksbewegtheit, und zwar auch schon in dem Aussehen seiner gewöhnlichen physiognomischen Ablaufform. Es bricht mit dem Anlaß gleichsam explosionsartig wie ein den Menschen ergreifendes Geschehen (vom Lachen geschüttelt werden, dem Lächerlichen und mit ihm dem Lachen nicht mehr widerstehen können u. ä.) aus zu einem momentan anschwellenden und verklingenden Bewegungsverlauf, der einer Entladung und Entspannung vergleichbar den aus dem Anlaß des Lächerlichen kommenden Reiz zum Ausklingen bringt, um dann in den durch das Lachen unterbrochenen Befindenszustand allmählich abklingend oder besser stoßweise abschwellend wieder einzumünden. Dieser momentane Charakter ist für die Lachbewegung kennzeichnend und selbst nur aus dem Wesenszusammenhang mit dem jeweils in einem bestimmten Augenblick auftretenden Anlaß zu verstehen, so wie denn auch dieser Anlaß, wenn er fortwirkt, zu einem wiederholten und abermals momentan und plötzlich einsetzenden Ausbruch führt. Mit diesem erweist sich so das Lachen auch physiognomisch gebunden an den Zusammenhang mit seinem Anlaß und Grund; es ist zunächst und zuerst Handlung wie die Sprache und alles Bemerken auch und gehört als solche allen Menschen an. Erst mit diesem welthaften »gegenstandgebundenen« Sinn geht dann auch die ausdrucksmäßige Bedeutung des Lachens mit. Nicht, daß jemand lacht, ist für ihn charakteristisch, sondern die Art, wie er lacht, die Färbung und Tönung seines Lachens, die Anlässe, die es hervorrufen. Was Rassen, Völker, Individuen unterscheidet, ist je die eigentümliche welthafte Bezogenheit ihres Lachens und mit ihr seine eigentümliche Formung und Ausprägung, die durch zahllose unterscheidende physiognomische Marken und Zeichen bezeichnet wird. Das Lachen ist dünn, breit, laut, leise, kichernd, verhalten, frostig, stoßweise, offen, grell, schrill, sanft, warm, still, kalt, schneidend, gemein, müde, ausgelassen, spöttisch, traurig, unheimlich, gemütlich usw. Seine Skala reicht vom schallend ausbrechenden Gelächter bis zum stillen, nach innen gewendeten Lächeln. Erst diese (und ähnliche) Bestimmungen kommen dem Lachen aus dem Grunde des Charakters und des Wesens, der Haltung und der Eigenart zu, die dem Lachenden selbst je eignet. Es sind qualitativ *mit*gehende Bestimmungen, die sich am Lachen finden, es aber nie begründen und konstituieren, und nur in diesem Sinn wird im Lachen und mit dem Lachen der Mensch selbst erkannt, so wie ein altes chiromantisches Handbuch[2] es in merkwürdig barocker Kürze formuliert: »Thoren und Menschen, welche eine große Miliz haben, lachen sehr viel. Wer bei unbedeutenden Anlässen lacht, ist beschränkt, eitel, wankelmütig, leichtgläubig, dienstfertig und offenherzig. Wer nur selten ein kurzes Gelächter ausstößt, ist beständig, beharrlich, klug, hellköpfig, verschlossen, treu, arbeitsam... Wer mit spöttischem Munde lacht, ist anmaßend, falsch, hartnäckig, jähzornig, lügnerisch, treulos.« Was aus diesem folgt, ist zweierlei. Selbst wenn man erstens das Lachen wesentlich mit der inneren Verfassung der Heiterkeit usw. zusammensehen will – es gibt aber auch ein Lachen der Verzweiflung, der düsteren Weltverachtung –, ist es als solches nicht aus ihr selbst zu verstehen, und d. h. es steht im wesentlichen Zusammenhang mit dem Gegenstand und Anlaß, an dem es sich entzündet. Es muß demgemäß in der Begegnung und Auseinandersetzung mit ihm verstanden werden. Zweitens aber läßt sich allgemein sagen, daß die ausdrucksmäßige Bedeutung, die dem Lachen dann auch als Kundgabe inneren Seins zukommt, sich immer an ihm findet, sofern es selbst als Bewegung und Handlung in der Einheit mit seinem Anlaß schon da ist. In diesem Sinn wurde gesagt, daß seine ausdrucksmäßige Prägung nicht das Gründende, sondern etwas als Qualität mitgegebenes Hinzukommendes ist. Gewiß gibt es in der seelischen Verfassung des Daseins bestimmte Grenzen, jenseits derer nicht mehr gelacht wird und gelacht werden kann. Es scheint in diesem Sinn an eine bestimmte Dispositionsbreite gebunden zu sein, aber diese Breite greift, genau gesehen, doch nahezu den ganzen Reichtum menschlicher Lebensmöglichkeiten in sich ein, und es liegen nur die gleichsam toten Felder der starren Verzweiflung und des tierischen Ernstes jenseits der Herrschaftsgrenze des Lachens. Eine alte Weisheit sagt, daß der Gott nicht lacht und daß die Tiere nicht lachen; zum menschlichen Dasein aber, das noch in der Tat und im Leiden mit der Welt ist, gehört es wesentlich und ursprünglich. Was so diese Dispositionen bedeuten und warum das Lachen besonders eng und nah der Freude und Heiterkeit verschwistert ist, so sehr, daß der Mensch über das zu Belachende und über das Lachen diese herbeiruft und in sich herstellen kann, das ist jedenfalls nicht aus einer unmittelbaren ausdrucksmäßigen Zuordnung des Lachens zu irgendeiner inneren Verfassung und Haltung zu verstehen, deren Unterschiede sein Bestehen und seine Rolle unberührt lassen. Das aber heißt: es muß seinen Grund in der Begegnung mit dem Lächerlichen, mit dem also, was das Entgegenstehende genannt wurde, haben.

Was aber bedeutet in diesem Zusammenhang das Lachen? Sollte es möglich sein, in ihm die Bewegung zu sehen, mit der der Mensch das seiner Lebensordnung Entgegenstehende und das seinen Leitbildern Feindliche ausspielt? Ist es deutbar als Einbruch des Menschen selbst in die freundlich vertraute Welt und als die Kraft, mit der er sich, zumindest für den Augenblick des Lachens, gegen sich selbst wendet, Zeichen der Lust am Nichtigen und an der Verneinung? In diese Richtung etwa verweisen in der Tat alle Versuche, das Lächerliche und mit dem Lächerlichen das Lachen aus dem Wesen des Kontrastes und aus der Lust am Kontrast und am Ausspielen des Kontrastierenden herzuleiten. Ribot[3] stellt so unter Aufnahme einer schon seit Hobbes bezeugten Überlieferung das Gefühl für den Kontrast mit dem Gefühl der Gewalt erklärend zusammen. Urtyp alles Lachens ist jenes Gelächter, das der Wilde ausstoßen soll, wenn er dem besiegten Feind den Fuß in den Nacken stellt. Das Lachen erscheint als Ausdruck der Brutalität, die sich über den Menschen und die gute Welt erheben will. In diese Richtung bewegt sich auch in ihren Folgerungen und Voraussetzungen die berühmt gewordene Theorie Bergsons. Bergson hat das Lachen in einer sehr spiritualisierten Weise verstanden, wie es überhaupt kaum eine Untersuchung gibt, die mit ähnlich geistreichem Blick in das nuancierte und verschlungene

Spiel des Lachens eingedrungen ist. Sieht man auf das Grundsätzliche, so ist das Lachen hier ausschließlich und allein als Bewegung der Verneinung und als die Macht begriffen, die die Fülle und Tiefe des Lebens auflöst und zur toten Stofflichkeit des Mechanischen kontrastierend entwirklicht. Komisch ist jeder Vorgang für Bergson, der unsere Aufmerksamkeit auf die physische Natur des Menschen lenkt, da und dann, wenn seine geistige spricht. Was sich im Komischen geltend macht, ist das Mechanische, das Stoffliche und Dingliche. Wo es der Materie gelingt, heißt es wörtlich, »die lebendige Außenseite der Seele zu töten, sie zu vernichten, alle Bewegung festzulegen, aller Grazie zu widerstehen, da gewinnt sie dem Körper eine komische Seite ab« (Bergson, Das Lachen, S. 24.) An die Stelle des Bildes tritt so die Karikatur, an die Stelle des Menschen die Marionette. Und dies gilt als wesentlich für das Lachen überhaupt. Es bedarf der »Anästhesie« des Herzens. Damit wird das Lachen einer bestimmten Haltung: der Verständigkeit zugeordnet und als die Bewegung verstanden, in der alles, was über die Verständigkeit hinaus ist, demaskiert und d. h. auf das verständig Begreifbare zurückgeführt wird. »In einer Welt von Verstandesmenschen«, sagt Bergson (a. a. O. S. 7), »würde man nicht mehr weinen, wohl aber noch lachen, wohingegen ewig sensible, auf Harmonie mit dem Leben abgestimmte Seelen, in deren Herz jeder Ton, jedes Ereignis in gefühlvoller Resonanz widerklingt, das Lachen nicht kennen und begreifen.«

Im Kern dieser Theorie steht so die Begründung des Entgegenstehenden als des Lächerlichen aus der Sicht des Verstandes. Was sich im Lachen geltend macht, ist der Verstand und d. h. die Sicht, für die das Dinglich-Stoffliche überhaupt das Wesen der Wirklichkeit ist, und d. h. weiter die bestimmte Weltansicht, die Hegel dadurch gekennzeichnet hat, daß ihr überhaupt der Heilige Hain zu Hölzern und das Schöne zum bloßen Ding wird. Bergsons Theorie ist die Auflösung des im Lächerlichen verborgenen Rätsels durch die verständige Weltansicht. Für diese Auflösung gehört das Lachen ihr überhaupt und wesentlich zu; es ist nur eine Art, in der sich ihr allgemeines Bewußtsein ausspricht, daß das in allem Lebendigen eingeschlossene Dingliche seine Wahrheit und Wirklichkeit ist, an der der Schein seines eigenen Wirklichkeitsanspruches zerstört wird. Gerade wenn man Bergson zugeben muß, daß in der kritischen Komödie, in allen Verfahren der Demaskierung und Desillusionierung, in der Schadenfreude, in allen Bewegungen überhaupt, die darauf aus sind, das, was über das Gewöhnliche hinaus ist, in Frage zu stellen und herabzusetzen, dem Lächerlichen und der Kunst des Lächerlichmachens diese Rolle zugefallen ist, wird man auf der anderen Seite doch ebenso die Begrenztheit des von Bergson umschriebenen Phänomens sehen müssen. Bergsons Verfahren beruht grundsätzlich darauf, daß er das, was hier das Entgegenstehende und Kontrastierende genannt wurde, an eine bestimmte Daseinshaltung bindet und durch sie definiert. Gegen diese Definition ist schon eingewendet worden, daß das Lachen überhaupt nicht ausdrucksmäßig oder von innen her einer bestimmten Lebens- und Gefühlsschicht zugeordnet werden kann. Es ist dem Dasein überhaupt eigen, und d. h. es geht mit seiner Verschiedenartigkeit mit. So ist vom Lachen in verschiedener Weise und Sicht die Rede. Raabe spricht vom Ernst des Lachens, Busch von seiner Behaglichkeit. Bahnsen umschreibt seinem eigenen düsteren Humor folgend, die desperate Lustigkeit, die die Goldstücke ihres Witzes hinwirft mit der Gelassenheit des verzweifelten Spielers (Tragik und Humor,

S. 115). Das sind nur Beispiele, die sich aber vermehren lassen. Sie unterstreichen das Grundsätzliche, daß sich das Lachen selbst je aus dem Daseinssinn bestimmt, in dem der Lachende seinem Wesen und seiner Lage nach sich hält. Aber dieses Abhängigkeitsgesetz wiederholt sich dann auch an dem Gegenstand und Anlaß des Lachens. Grundsätzlich gilt: das Entgegenstehende und Kontrastierende ist im Ganzen des Seins und des Daseins nichts Festes, es folgt als das Andere oder als das, was nicht ist, jeweils dem, was als Sein und Wesen gesetzt und verstanden ist. Was sich als das Entgegenstehende kundtut, das Dingliche oder das Geistige, das Materielle oder das Lebendige, entscheidet allein der Begriff des Wirklichen selbst. Nur da, wo der Verstand die Weltansicht trägt, vermag das Lachen im Ausspielen des Toten und Mechanischen das Leben zu töten, aber die Möglichkeiten, die im Spiel des Lachens und des Lächerlichen liegen, erschöpfen sich hierin so wenig, wie sich der Lebenssinn des Dinglichen im Mechanischen des Verstandes erschöpft. Es gibt die Anekdote und den Witz, der sich an den großen Menschen heranmacht, um seine Menschlichkeit gegen ihn und das, was er ist, auszuspielen, aber es gibt ebenso die stofflich gleiche Anekdote, der es anliegt, von der menschlichen Schwäche her das, was mehr als das Gewöhnliche bedeutet, gleichsam nahezubringen und vertraut zu machen, um sich so im Lachen mit dem Größeren zu versöhnen. Die Tücke des Objekts, der chronische Katarrh, die physische Seite des Menschen im Sinne Bergsons sind in Vischers »Auch Einer« die Mächte, durch die der Geist und das Herz nicht erniedrigt, sondern erhöht werden. Auch Vischer kennt das »Mechanische« als Feld des Komischen. Es kann, heißt es in der »Ästhetik«, das »Gegenglied« sein, in das »das Erhabene stürzt« (§ 158, 1). Aber das Lachen, das sich an diesem Sturz entzündet, bedeutet die Versöhnung des Niedrigen mit dem Hohen. Wir müssen das Lachen segnen, sagt Vischer und steht damit auf einer wesentlich anderen Daseinsebene als Bergson, »weil ohne seine Hilfe das ganze Gemeine, mit dem wir belastet sind, unerträglich wäre« (ebenda § 224).

So steht hier bei Vischer der gleiche Stoff des Lächerlichen in einem Zusammenhang, der dem Lebensbereich, dem Bergson das Lachen zuweist, fremd bleibt. Damit läßt sich der Satz, daß das Lachen ausdrucksmäßig keiner bestimmten und als solcher isolierbaren Lebensschicht zugehört, dahin erweitern, daß das gleiche auch für seinen Gegenstand, das Lächerliche, gilt. Beides, das Lachen wie das Lächerliche, heißt dies, sind offenbar in den Lebenszusammenhang einbezogen, der den Lachenden und die Dinge und Begebnisse, über die gelacht wird, immer schon übergreift und trägt[4].

II

Was aber bedeutet das?

Hier mag zunächst ein spezieller Hinweis weiterführen. Es zeigt sich überall im Bereich des Komischen und Lächerlichen, daß hier nicht beliebige, sondern bestimmte und oft mit großer Hartnäckigkeit immer wiederkehrende Stoffe aufgegriffen werden, und ferner, daß diese Bestimmtheit der Stoffe für das Zustandekommen der komischen Wirkung entscheidend ist. Im Puppentheater wird viel und gern geprügelt, und auf diesen Prügeln beruht hier der Witz. Aber diese Prügel treffen nicht beliebige Leute, sie werden nicht blind nach allen Seiten ausgeteilt, sondern gelten bestimmten Figuren: dem Räuber, dem Drachen, der alten Frau, dem Schutzmann, dem Teufel usw., und der Spaß ergibt sich offenbar eindeutig daraus, daß diese getroffen werden. Aber das gilt dann weit über das Puppentheater hinaus überall da, wo das Lachen und das Komische herbeigerufen werden. Es gilt vor allem für jenen großen Bereich des Lachens, der durch das Zweideutige und die Zweideutigkeit beherrscht ist. Man könnte diesen Bereich zunächst formal sehen, man könnte mit Bergson und seinen Vorgängern auf die Lust am Kontrastierenden hinweisen. Worte, Sätze, Begriffe, Bilder können mehrdeutig sein, und diese Mehrdeutigkeit wird ausgespielt. Aber diese formale Auslegung hält einer genaueren Betrachtung nicht stand. Der shakespearische Narr ist der »Wortverdreher«, aber der Sinn und Bedeutungswirbel, den er losläßt, ist in seiner komischen Wirkung und Absicht nicht aus der bloßen Ausnutzung der Mehrdeutigkeit und Vertauschbarkeit der Worte und Begriffe zu verstehen. Er lebt als komisches Element von der Substanz, an der er vollzogen wird, von der Festgelegtheit der verständigen Welt in Begriff und Wort, die der Narr närrisch verkehrt und gleichsam durchlöchert und auflöst. Ihr wird mitgespielt, und das ist der Witz und nichts anderes, so wie die Wort- und Redekunst des Rabelais oder der *Contes drôlatiques* des Balzac ihren witzigen Glanz und ihre komische Kraft ganz und gar nicht aus dem Ausspielen formaler Möglichkeiten, sondern allein aus dem Lebensbereich hernehmen, den sie in Worten und Bildern, die ihm nicht gehören, dahin bringen, wohin er nicht gehören soll. Nur indem das Zwei- und Mehrdeutige solches leistet, wird es komisch und kann das Lachen anzünden. Was hierbei aber geschieht, und zwar in allem hierhergehörigen Zweideutigen des Wortwitzes, der Schilderung, der Anspielung usw., und was das Komische ausmacht, ist dies, daß immer mittelbar und unmittelbar in den einen Bedeutungsbereich, der sich harmlos und einwandfrei zulässig gibt, der andere hineingespielt wird, der in jenem gerade ausgeschlossen und als nicht dazugehörig beiseitegebracht ist. Das Wesentliche ist immer die Bewegung, in der eine an sich nicht gemeinte und ferner in der anständigen Rede auch nicht zugelassene Sphäre in diese anständige Rede selbst derart eingewoben wird, daß sie selbst diese kundtun und aussprechen muß. Es wird der Lebensbereich des »Nichtanständigen« angesprochen, aber nicht direkt und als solcher; er tritt in der Maske des Anständigen und Zulässigen und d. h. in der Anspielung auf. Und das ist das grundsätzlich Bedeutsame. Denn damit zeigt sich, daß der Wortwitz und die Wortverdrehung und das Wortspiel hier in der Ausnutzung der Mehrsinnigkeit des Wortes dadurch zu komischer Wirkung kommen, daß sie einen Lebensbereich da und dort auftreten lassen, wo er ernsthafter- und anständigerweise nicht hingehört, und zwar so, daß sie ihn nicht unmittelbar (was witzlos wäre), sondern in der Weise des Anständigen und Zulässigen selbst auftreten lassen. Das Komische entsteht so hier in einer doppelten Bewegung, einmal im Hinausgehen über die jeweils gegebene Ordnung zu einem von ihr ausgeschlossenen Bereich, und zweitens darin, daß dieser ausgeschlossene Bereich in und an dem ihn ausschließenden Bereich selbst sichtbar gemacht wird. Erst wenn man diese hier in Kürze am Zweideutigen entwickelte Bewegung sieht, wird verständlich, was es damit auf sich hat, daß das Entgegenstehende oder Richtige zum Lächerlichen werden und d. h. in der positiven und bejahenden Antwort des Lachens quittiert und aufgenommen werden kann. Es wurde schon gesagt, daß das Entgegenstehende oder Nichtige nichts Feststehendes und so überhaupt und absolut genommen Negatives ist, sondern zum Nichtseienden an der die Wirklichkeit je bestimmenden Substanz wird. Das aber besagt positiv, daß es zum Ganzen des Lebens genau in demselben Sinn dazugehört wie das, was in ihm als das Positive und Wesentliche genommen wird. Was das Nichtige zum Nichtigen macht, das Entgegenstehende zum Entgegenstehenden und sie ausgrenzt als Ausfallendes, Unwesentliches, Unsinniges, Unverständiges usw., ist je die positive Ordnung selbst, die das Dasein sich gibt. In dieser Ausgrenzung aber verschwindet es nicht überhaupt, es löscht nicht aus, sondern erhält in ihr die Weise zugesprochen, in der es nun als das Nichtige gleichsam hintergründig, aber nichtsdestoweniger wirklich in der Lebenswelt fortbesteht. In der Sitte, im Anstand werden unzählige Möglichkeiten menschlichen Gebarens auf diese Weise ausgegrenzt, unberührbar und unsichtbar hintergründig, ohne daß sie deswegen aufhören, in dieser in der Sitte begriffenen Lebensordnung fortzuexistieren und wirksam zu sein. Und das gilt allgemein. Der Ernst besteht überhaupt darin, daß er nur das zur Sache Gehörige gelten läßt und so hiermit zugleich unzählige Gedanken, Wünsche, Neigungen, Vorstellungen, die in der Wirklichkeit des Daseins außerdem und nicht weniger lebendig mitgehen, zwingt, in der Form des Unwesentlichen und Nichtdazugehörigen fortzubestehen und als das Unsachliche und Unernste das jeweils zur Rede Stehende gleichsam in der Weise zu umspielen, wie sich in die sachlichen Protokolle der Sitzungen alles das, was nicht zur Sache gehört, in der Form von Männchen und spielerischen Ornamenten als dennoch dazugehörig einschleicht. So liegt es im Wesen des positiv das Dasein Bestimmenden, im Wesen von Ordnung, Sitte, Anstand und sachlichem Ernst, daß sie die eine Hälfte der Lebenswelt zwingen, in der Form des Entgegenstehenden und Nichtigen zu existieren und dazusein, nicht weil der Mensch in zwei Welten lebt, sondern weil, platonisch gesprochen, damit, daß etwas als wesentlich seiend gesetzt wird, immer auch etwas als das Andere zum Nichtseienden werden muß. Aber daraus folgt etwas Merkwürdiges. Das Nichtige steht so selbst in einem für den Ernst nicht faßbaren oder nur negativ faßbaren geheimen Zusammenhang mit der für den Ernst gesetzten Lebensordnung. Es gehört zu ihr dazu, aber so, daß der Ernst, der es ausgrenzt, es immer nur als das Ausgegrenzte und Andere, das für ihn selbst im Hintergrund verborgen bleiben muß, fassen kann. Und hier nun zeigt das Beispiel des Zweideutigen die allgemeine Bedeutung, die dem Entgegenstehenden in der Form des Lächerlichen zukommt. Was mit dem Lachen ausgespielt und ergriffen wird, ist diese geheime Zugehörigkeit des Nichtigen zum Dasein; sie wird ergriffen und ausgespielt, nicht in der Weise des ausgrenzenden Ernstes, der es nur als das Nichtige von sich weghalten kann, sondern so, daß es in der es ausgrenzenden Ordnung selbst gleichsam als zu ihr gehörig sichtbar und lautbar wird.

Geht man von diesem grundsätzlichen Zusammenhang von Ernst und Unernst, vom Sittlichen und dem im Sittlichen Ausgegrenzten, von Sein und Nichtsein aus, so dürfte sich das Lachen als ein Spiel verstehen lassen, dessen einer Partner das Ausgegrenzte, dessen anderer Partner die ausgrenzende Lebensordnung selbst ist. Diese den Menschen je leitende Lebensordnung des Ernstes ist die Voraussetzung, ohne die das Spiel des Komischen und Lächerlichen und der Sinn, der diesem Spiel je innewohnt, nicht verständlich ist. Denn in diesem Spiel wird die Zugehörigkeit alles dessen zur Lebensordnung erwiesen, was für den Ernst nur als das Nichtige und Entgegenstehende außen vor bleiben muß. Das Lächerliche wäre in diesem Sinn am Entgegenstehenden das Moment, durch das diese seine Zugehörigkeit zur Lebenswelt sichtbar und positiv ergriffen werden kann. Die Lebenswelt ist der unsichtbare Partner, auf den bezogen zu sein dem stofflichen Gehalt den Glanz des Komischen und Lächerlichen verleiht. Wenn oben gesagt wurde, daß das Komische immer an einen bestimmten Stoff gebunden ist, so ist das jetzt dahin zu erweitern, daß dieser bestimmte Stoff dann komisch wird, wenn an ihm die geheime Zugehörigkeit zu der ihn ausgrenzenden Welt sichtbar und greifbar wird. Aller Witz, alle auf das Komische und das Lachen abzielende Rede sind in diesem Sinn gleichsam das grobe oder kunstvoll feine Mittel, durch das diese geheime Beziehung herausgearbeitet und sichtbar gemacht wird. Damit hängt es nun zusammen, daß der Witz nie unmittelbar und ausschließlich durch den Stoff, das bloße Begebnis und Vorkommnis usw. seine komische Kraft erhält. Sein Lebenselement ist, ob im Wort oder Bild, die Anspielung; in dieser Anspielung wird etwas herbeigerufen, was der Stoff, für den Ernst unsichtbar, an sich trägt: die Zugehörigkeit zu einer Lebensordnung. In der Situation des Erzählens und Darstellens muß sie darum mitgegeben sein, und sie ist immer mitgegeben, und zwar in der Regel nicht im Stoff, sondern in den Vorstellungen und Anschauungen, die der Hörende mitbringt. Das Wesen der Anspielung liegt darin, diese Vorstellungen gewissermaßen herbeizurufen und im Verhältnis zum Stoff des Witzes wachzumachen, zu aktualisieren, so daß sich hier ein Prozeß entwickelt, der zwischen ihnen und dem Stoff geführt wird und dessen Ziel es ist, verdichtet in der Pointe, die Verschmelzung dieses Stoffes mit jenen Vorstellungen zu vollziehen. Und erst in und mit dieser Verschmelzung wird der Witz scharf und zündet, das Lächerliche der Dinge wird sichtbar, und das Lachen steigt auf als das Signal: Verstanden-begriffen und zugleich als das

Zeichen, daß die im Hörenden mitgebrachte Vorstellung selbst eine Bewegung erfahren hat. Wird umgekehrt diese Verschmelzung nicht erreicht, und d. h. geht die Anspielung ins Leere (eine quälende Angelegenheit), dann bleibt das Lächerliche aus, und der Witz verpufft, ein armseliger Wortfetzen ohne Sinn und Verstand.

Das ist eine allgemein bekannte Situation. Aber man muß doch sehen, was sie grundsätzlich für das Komische und das Lachen bedeutet. Diese grundsätzliche Bedeutung liegt in dem anspielenden Ausspielen der Zugehörigkeit eines Geschehens zu einer bestimmten Lebensordnung. Nur weil es auf diese Zugehörigkeit ankommt, gehört zum Komischen das Verstehen, die Überraschung, die Spannung und Erwartung, wo denn nun eigentlich an dieser Geschichte oder in diesem Begebnis das Komische ist, so wie umgekehrt der Erzählende oder Darstellende der Kunst bedarf, diese Zugehörigkeit herauszuarbeiten und anschaulich zu machen und dafür diejenigen Daseinsmomente vorstellungsmäßig wachzurufen, mit denen der jeweilige Stoff verschmolzen werden muß, um komisch zu werden. Ruge hat einmal gesagt, daß der Mensch, der lacht und über den gelacht wird, derselbe Mensch sei. Das ist richtig und trifft gut das hier Entscheidende, daß es nämlich darum geht, im Komischen die Identität eines Entgegenstehenden und Ausgegrenzten mit dem Ausgrenzenden herzustellen. So ist für alles Lachen dieses Mitspielen des unsichtbaren Partners der vorausgesetzten Lebens- und Weltordnung Bedingung. Hierauf gründet sich dann die eigentümliche Tatsache, daß auch bei gleichem Stoff – der Stoff des Komischen ist zu allen Zeiten, zumal in den primitiven Lebensschichten, von einer ungewöhnlichen Konstanz – die lächerliche und komische Wirkung dieses Stoffs doch außerordentlich beschränkt und schmal ist. Weil für sie die den Menschen je bestimmende Lebensordnung entscheidend ist, darum muß das Komische mit der Verschiedenheit der Epochen, der Völker, der sozialen Schichten, der landschaftlichen und individuellen Lebenseigentümlichkeit variierend mitgehen. Das Mitlachenkönnen und d. h. die Aktualisierung des komischen Gehalts ist daher nicht schon durch die Verständlichkeit des stofflichen Geschehens ermöglicht. Es ist daran gebunden, daß die Ordnung, aus der und mit der der Stoff zum Lächerlichen wird, lebensmäßig wirksam ist. Die mittelalterliche Karikatur, der Wortwitz des 16. und 17. Jahrhunderts etwa können geistesgeschichtlich ihrem sachlichen Gehalt nach noch durchaus verständlich sein. Die Motive, die in sie hineinspielen, die Zusammenhänge, die gemeint sind, können als Dokumentierungen vergangenen Lebens lesbar sein. Aber die zündende Kraft, die ihnen innewohnte, das Treffende ihres Witzes ist weithin verloren. Sie haben nicht mehr die Kraft, das Lachen zu wecken, weil ihre Welt tot und nicht mehr die unsere ist. Und das gilt überall und gilt auch im individuellen Daseinsbereich. Das Lachen eines Kindes, das sich mit einem Stückchen Zeug behängt, bleibt uns verschlossen. Und wenn dem Trunkenen schließlich alles komisch wird, der Tisch, der Stuhl, der Mantel, der Hut, so ist diese Komik dem Nüchternen nicht zugänglich. Er kann sie nicht sehen, obwohl er doch die gleichen Dinge vor Augen hat.

Alles dies vermag nun die grundsätzliche Situation des Lachens und des Lächerlichen deutlich zu machen. Es ist ihre eigentümliche Funktion, die dem Ernst nicht zugängliche Zugehörigkeit des Anderen zu der es ausgrenzenden Lebenswirklichkeit sichtbar zu machen. Wir haben das an dem anspielenden Hineinspielen verdeutlicht, aber es liegt auf der

Hand, daß diese Funktion auf vielen Wegen erfüllt werden kann, so wie z. B. in einer umgekehrten Bewegung das Lachen an vorgegebene Worte, Vorstellungen, Lebensformen, Geschehnisse des Alltags usw. ständig das anknüpfen kann, was bei ihnen nicht mitgemeint ist, um so den Sinn in Unsinn, das zu Erwartende ins Unerwartete zu verkehren; auch hier allein aus dem Grunde, daß alles dies im Dasein und für das Dasein genauso dazugehört und möglich ist wie das, was sein soll und zu sein hat.

Alle die unendlich mannigfaltigen Formen und Verfahren des Komischen, die Übertreibung, die Situationsverschachtelung, die Verzerrung, die Verwechslung und Verkehrung, sind immer wieder das Mittel, durch das die dem Ernst widerständigen Dinge auf den Punkt hingespielt werden, an dem sie diese ihre widerständige Kraft verlieren und umsetzen in das Bekenntnis ihrer Zugehörigkeit zur Daseinswelt und Daseinsordnung. Nicht der gute Ausgang, nicht die Prügel, die der Bösewicht bezieht, nicht die Entlarvung des Heuchlers machen das Wesen des Komischen aus, sie sind die sichtbaren Symbole des grundsätzlichen Spiels, das hier überhaupt gespielt wird und dessen Sinn es ist, die Zugehörigkeit des dem Ernst Fremden zur Lebenswelt zu manifestieren, gleichgültig, ob dies nun in dem tieferen Sinn einer Kritik an der ernsten Welt selbst und ihrer Ordnung gemeint ist oder ob dies der vitalen Freude am Reichtum des Lebens und am Recht des Unsinns und Unverstands entspringt.

Wieder mag hier auf Wilhelm Busch verwiesen werden, nicht nur, weil bei ihm die Nichtigkeit des pragmatischen Geschehens so scharf wie kaum sonst ausgeprägt ist, sondern weil bei ihm zugleich die Meisterschaft des Komischen als Kunst der Einschmelzung des Anderen aufs höchste gesteigert erscheint. Busch läßt, wir sagten das, die feindlichen Mächte des

Lebens wirken. Aber er läßt sie wirken an Dingen, die in die alltäglich geordnete und gewohnte Welt des Menschen gehören, an Möbeln, an Treppenhäusern, an Gerät, das gegen den Menschen ausschlägt, er läßt sie wirken an den alltäglichen Neigungen und Gewohnheiten. Und das ist das Entscheidende. Denn damit wird nun das feindliche Element des Unglücks und Unsinns unversehens in eine Kraft verwandelt, die dieser vertrauten Welt selbst angehört und in ihr zu Hause ist. Es erscheint in einem Spiel von Möglichkeiten, die unbedacht und unbeachtet in dieser Welt selbst verborgen liegen. Die Gerechtigkeit straft das Böse, aber diese Gerechtigkeit mahlt die bösen Buben als Müller durch die Mühle und streut ihr Konterfei aus den Mahlbrocken auf den Boden und wirkt und handelt damit auf Wegen, die sonst die gewöhnlichen Dinge gehen. »Hinderlich wie überall, ist der eigene Todesfall«, heißt es einmal bei Busch; damit wird der Tod selbst angesprochen, aber nun in einer grandiosen Zuspitzung als das Hinderliche und d. h. als etwas, das wie die alltäglichen und gewöhnlichen Dinge hinderlich im Wege steht. In dieser Ineinssetzung des Feindlichen und des Gewöhnlichen liegen das Geheimnis und die allgemeine theoretische Bedeutung von Busch. Sie läßt das Komische als die Einschmelzung des zur Wirklichkeit des Lebens gehörigen feindlichen Elements in ihre gewöhnliche, dieses ausgrenzende behagliche Ordnung erscheinen.

Der Nöckergreis erhebt die metaphysische Klage über den Gang und Lauf der Welt:

»Kurzum, so spricht er, ich sage bloß,
Wenn man den alten Erdenkloß,
Der täglich teilweis aufgewärmt,
Langweilig präzis um die Sonne schwärmt,
Genau besieht und recht betrachtet

Und das, was drauf passiert, beachtet,
Dann findet man – und das mit Recht –,
Daß nichts so ist wie man wohl möcht'.«

Diese Klage ist in der Sprache behaglicher Stammtischreflexion vorgetragen; aber damit wird die große Welt selbst als der »aufgewärmte Erdenkloß« in die kleine Welt des Alltags aufgehoben und zur Erscheinung auch ihres Sinnes und ihrer tieferen Bedeutung. Und diese Bewegung darf allgemein als wesentlich gelten. Im Unsinn, im ausgelassenen Treiben, im Spiel, im Scherz werden die Seiten des Lebens als zu ihm gehörig ergriffen, die für den Ernst immer nur als Ausgegrenztes und Nichtig-Widerständiges faßbar sind. Sie erscheinen im Unsinnn nicht mehr als das Entgegenstehende, sondern als Spiel des Sinnes selbst, so wie im Budenzauber die Dinge, die zum sinnvollen Wohnen gehören, auf den Kopf gestellt und verkehrt werden. Der Clown ist die herausgetretene und ausgefallene Kreatur schlechthin, aber er gibt dieses Ausgefallensein kund, nicht im Gegensatz, sondern in der aufs höchste gesteigerten Verkehrung des Sinnes. Sein Gewand weicht ab von allem Gewöhnlichen, aber die langen Handschuhe, die zahllosen Westen, die riesige Hose stellen sich dar als Verkehrung und Verzerrung der gewöhnlichen Kleidung. Er trägt ein sinnvolles Gerät, die Gartenpforte, mit sich, aber nun herausgelöst aus ihrem Zusammenhang, um ständig durch sie in den Raum des Unsinns einzutreten, der sich als Unsinn am Sinn vollzieht und eben hiermit das Lachen anzündet, das befreiend die Schranken des Ernstes und Maßes durchbricht.

Vielleicht läßt sich von hier aus nun auch einiges Abschließendes zur Frage der ausdrucksmäßigen Bedeutung des Lachens und der seelischen Disposition zum Lachen sagen. Zunächst wird das eine klar sein: als die Bewegung, in der das dem Ernst Entgegenstehende als zu seiner Welt gehörig ergriffen wird, gehört das Lachen unmittelbar zu den Wegen, auf denen sich die menschliche Begegnung und Auseinandersetzung mit der Welt vollzieht, und zwar zu den besonderen Wegen des Erkennens, Sehens, Begreifens. So ist sein mimischer Ort, Auge und Mund, nicht zufällig auch das Feld des Sehens und des Sprechens (vgl. Lersch: Gesicht und Seele, 1932). Das Lachen ist selbst Laut und fügt sich als solcher auch immer in den Fluß der Rede, ihn unterbrechend und die Worte umspielend, ein. Es hat ebenso als Laut seinen Moment, und zwar genau den Moment, in dem das Verstehen eingesetzt hat und d. h. die Verschmelzung des Stoffs mit den im Hörenden oder Sehenden vorgegebenen Vorstellungen erfolgt. Dies aber schließt aus, daß das Lachen bestimmten Schichten inneren Seins, bestimmten Stimmungen, bestimmten Gefühlen oder einer bestimmten »Lust« zugerechnet wird, schließt aber zugleich ein anderes ein, und zwar, daß es nur dann möglich ist, wenn das Entgegenstehende als zugehörig zum Dasein begriffen werden kann, und d. h., wenn es noch positiv in das Dasein einfügbar ist. Von hier aus ist die Frage der Dispositionsbreite, wie es scheint, einigermaßen genau beantwortbar. Diese Dispositionsbreite hat ihre Grenzen dort, wo die positive Aufnahme des Entgegenstehenden ihr Ende hat. Man weiß, wie leicht Spaß zu Ernst, Lachen zu Weinen, Unsinn zu Schmerz werden kann, und man weiß auch, wie unbestimmbar und von der individuellen Anlage abhängig dieser Punkt des Umschlags ist. Wo das Nichtige nicht mehr als zum Leben positiv dazugehörig begriffen werden kann, da hört es auch auf, lächerlich zu sein. Umgekehrt ist das Lächerliche auf allen Wegen des Lebens, in allen den Schichten des Daseins zu Hause, wo in irgendeiner Weise das Nichtige noch positiv gesehen und hingenommen werden kann. Diese Möglichkeit ist Bedingung für das Lachen, und daran liegt es denn auch, daß Heiterkeit, Vergnügen, Laune, Freude usw. diese unmittelbare Kraft des Lachens und diese Bereitschaft zu Scherz und Unsinn mit sich tragen, weil hier die Positivität des Lebensgefühls die größte und stärkste ist, so sehr, daß der Ernst selbst seine Macht verliert und die Helle der Heiterkeit noch dort zu leuchten vermag, wo für den Grämlichen und Trübsinnigen längst der Spaß zu Ende und nichts mehr lächerlich ist[5]. Die Götter aber lachen nicht, weil es für sie kein Nichtiges gibt, und der tierische Ernst nicht, weil ihm das Andere immer nur und ausschließlich das Unernste und darum Verwerfliche ist. Sein dichterisches Symbol ist Shakespeares Malvolio, aber dieses Symbol zeigt auch, wie der Ernst dann selbst das Opfer jener närrischen Mächte werden kann, die er nicht kennen und anerkennen will.

III

So weit mag die allgemeine Bestimmung des Lachens und des Lächerlichen gebracht werden. Aber in ihrem Zusammenhang ist nun, wenigstens andeutend und umrißhaft, auf die seltsame Tatsache einzugehen, daß in unserer Welt philosophisch in der Erscheinung des Humors, dem Lachen eine Bedeutung zugefallen ist, durch die es gleichsam in den philosophischen Mittelpunkt der Welt selbst gerückt und zugleich über den ausgrenzenden Ernst erhoben worden ist.

In der antiken Metaphysiktradition wird von Platon und Aristoteles her das Lächerliche als αἰσχρος[6], als πονηρία bestimmt, und das besagt, es ist das Ausfallende, das Abständige, das, was sich zum positiv Seienden etwa so verhält wie die Krankheit zur Gesundheit, das Taube zum Hören, das Blinde zum Sehen. Damit ist, in einem tieferen Sinn, als das gewöhnlich genommen wird, die hier entwickelte grundsätzliche Bestimmung des Lächerlichen als des Nichtigen gemeint. Denn das Ausfallende ist in dieser Tradition überhaupt das, was seinen Begriff nicht in sich selbst, sondern in dem Guten und in dem Wesen hat, an dem es sich als Ausfallendes bestimmt.

Das Lächerliche ist so für Platon und Aristoteles – und das bleibt in der ganzen von ihnen ausgehenden Philosophie so – zunächst das Nichtige, dann aber genauer das Nichtige, das schmerzlos und schwach ist; es ist schmerzlos und schwach heißt nicht, es ist ein Nichtiges, das abgeschwächt und gemindert ist, sondern es hat dies den sehr präzisen Sinn, daß ein Nichtiges lächerlich wird, solange es sich in seiner Entgegensetzung doch zu dem bekennen muß, gegen das es sich absetzt. Auf diese Weise macht Platon die Sophisten lächerlich, nicht weil sie matte Gegner des Seins sind, sondern weil sie ihre Gegnerschaft nur unter der Voraussetzung des Seins aufrechterhalten können, das sie verneinen wollen. Die Sophisten spielen den Schein gegen das Sein aus, aber dieses Ausspielen wird in dem Augenblick lächerlich, wo sich zeigt, daß ihr Scheinwesen nur davon lebt, daß es Sein gibt, so wie es nur Scheingerechtigkeit geben kann, wo die Gerechtigkeit selbst vorgeschoben wird. Das Lächerliche ist ein schwaches und schmerzloses Nichtiges heißt also: es lebt von dem, dem es sich entgegensetzt.

Aber zugleich wird damit das Lachen für Platon aus dem ernsten und wahren göttlichen Leben der Vernunft und des Seins ausgeschlossen. Man muß, heißt es im »Theaitetos«, das Sein gegen das Lachen sicherstellen, und im »Staat«

wird das irdische Lachen der Götter bei Homer und Aristophanes als blasphemisch gebrandmarkt.
Das Lachen bleibt damit auf das »Irdische«, auf das Werdesein beschränkt; hier freilich ist es von tieferer und philosophischer Bedeutung, sofern in der Kunst des Lächerlichmachens, wie Platon sie an den Sophisten übt, der Schein enthüllt und in eine Bewegung hineingerissen wird, die ihn an der gründenden Seinsordnung zerschellen läßt. Im Reiche dieses Seins aber und der Vernunft vermag es nicht zu bestehen; an der Grenze der sublunaren Existenz wird ihm Halt geboten, und das philosophische Leben in der Teilhabe am uranischen Sein läßt es mit dem Zeitlichen unter sich. Hiermit wird deutlich, daß das, was Wesen, Sinn und Bedeutung des Lachens bestimmt, das Sein oder die Vernunft selbst und d. h. das alles Seiende Bestimmende ist, sofern mit ihm auch das Entgegenstehende und Ausfallende Nichtige mitdefiniert werden. Das Lachen wird auf das Irdische beschränkt; was es aber in diese Beschränkung verweist, ist die philosophische Vernunft und ihre Überzeugung, im Allgemeinen ihres Begriffs auch alles zu begreifen, was für das Dasein des Menschen und der Dinge wesentlich sein kann.
Und diese Überzeugung ist es, die im Mittelpunkt des Humors fraglich wird, und d. h. die Vernunft selbst erscheint hier eben darin, daß sie mit der Setzung ihres Seinssinnes Unendliches ausgrenzt, auch als unendlich begrenzt in dem Maße, wie sie abgetrennt ist von der Fülle desjenigen Lebens, das ihr nur nichtig und nichtseiend unwesentlich begegnen kann. Diese Kritik an der Vernunft, der ratio, der raison und an ihren Regeln und Begriffen ist das Allgemeine und Metaphysische; daß aber mit ihr eine Umwertung des Lachens und des Lächerlichen mitgeht und mitgehen muß, wenn

anders wir auf dem rechten Wege sind, das ist nun das in unserem Zusammenhang bedeutsam Entscheidende.
Wie in einer bewußten Entgegensetzung zur antiken Deutung des Lachens und der sie forttragenden Überlieferung heißt es bei Jean Paul:
»Wenn der Mensch, wie es die alte Theologie tat, von der überirdischen Welt auf die irdische herabschaut, so geht sie klein und nichtig dahin, ... wenn er mit der kleinen die unendliche ausmißt, so entsteht jenes Lachen, in dem noch eine Größe und ein Schmerz ist« (Vorschule §33).
Und in demselben Zusammenhang heißt es weiter:
»Das humoristische Lachen gleicht dem Flug des Vogels Merops, welcher zwar dem Himmel den Schwanz zukehrt, aber doch in dieser Richtung zum Himmel auffliegt. Dieser Gaukler trinkt auf dem Kopfe tanzend den Nektar hinaufwärts.«
Was sich hierin ausspricht, ist die allgemeine Bedeutung des Lachens für den Humor, die Macht, die es erhält aus dem Gegensatz und Gegenspiel zum begrenzenden Verstand, indem hier die unendliche und als solche durch keinen verständigen Begriff begrenzbare Fülle des Lebens steht. Das Lächerliche bleibt das Nichtige, das Ausfallende, das Irdische, im Sinn der Theologie, aber es schattet nun als »verkehrte Welt« das Unendliche ab, und das Lachen wird die Bewegung, die das von dem Verstand Ausgegrenzte ergreift und dem Sein zuträgt, was Verstand und der verständige Begriff nie fassen können: seine unendliche Fülle und Tiefe. Es tanzt, heißt dies, auf dem Kopfe der Vernunft. Und was Jean Paul hier tiefsinnig formuliert, wird in unendlichen Wendungen wiederholt. Vischer sagt, daß alle Humoristen Metaphysik treiben, und das ist im eigentlichen Sinn des Wortes zu verstehen, so nämlich, daß das,

was der Humor ergreift jenseits der Vernunft, das eigentliche und wahre Wesen des Seins ist, von dem die Vernunft sprechen will. Und wenn Solger[7] sagt, es sei das Lachen der Bürge, daß »wir in unserer Zeitlichkeit im Schönen leben«, so ist dies dasselbe. Denn das Lachen hält fest, was dem verständigen Begriff des Schönen entgeht, und trägt es ihm zu.

In diesem Verhältnis zum Verstand fällt dem humoristischen Lachen ein seltsam zweisinniges Spiel zu. Bei Cervantes und Rabelais, bei Shakespeare und Sterne, bei Busch und bei Raabe wird immer der verständig geregelten Welt und ihrem Ernst das Närrische des Narren und der grillenhaften Laune und der Bagatelle beigesellt. Denn in diesem ist das Lächerliche da unter der Voraussetzung dieses Ernstes selbst und von ihm her zum Lächerlichen bestimmt und darum auch nur als solches ergreifbar. Aber in dieser Beigesellung wird zugleich das Ausgrenzende selbst zum ausgegrenzt Fraglichen; der Ernst wird im Närrischen begrenzt und aufgehoben. Was ihm Größe ist, wird zur Grandezza, was ihm Würde zur Gespreitzheit, und zwar allein darum und deshalb, weil vom Nichtigen aus seine Endlichkeit zur Torheit wird, die blind ist gegenüber der Fülle des Lebens, von der er sich selbst trennt.

Im Spiel des Närrischen und Abseitigen bewegt so das Lachen die verständig-vernünftige Welt selbst, und ihre Grenze wird sichtbar. Es ruft das Wesen herbei, das die verständige und anständige Ordnung nur als das Unverständige und Unanständige duldet, und setzt diese Ordnung selbst matt. Der Wahnsinn und das Narrentum des Don Quijote[8] erscheint in diesem Sinn als die Verkehrtheit, in der in einem »übergoldeten« Zeitalter das Echte und Tugendhafte bestehen muß. Die Regellosigkeit und Tollheit des »Tristram

Shandy« ist der Spiegel, in dem die Torheit der Regel und des gesetzten Ernstes widerscheint. Gegen die Zeit und ihre Schwachheit verkündet Balzac den »Pantagruelismus« und ruft den Meistergeist Rabelais' herbei und dessen »konzentrierte Werke, wo eng zusammengepreßt wie Sardinen in einer Büchse alle philosophischen Ideen enthalten sind, alle Wissenschaften, alle Künste, alle Beredsamkeiten mit samt dem ganzen tollen Komödienspiel und Mummenschanz des Lebens« (Contes Drôlatiques, Bd. II, 369, Übers. Rüttenauer). Vom Narren heißt es bei Shakespeare einerseits: »Nichts sagen, nichts wissen, nichts tun und nichts haben, darin besteht ein großer Teil Eures Guts, das eigentlich ein Nichtssein ist.« Aber in diesem Nichtssein wird zugleich das Etwassein der verständigen Welt verkehrt. Der Narr zerspielt als der »Wortverdreher« ihren ihr selbst so festen Sinn, und die Torheit wird weislich und die Weisheit zur Torheit:

»Die Zeiten und Personen muß er kennen
Und wie ein Falk auf jede Feder achten,
Die ihm vors Auge kommt. Das ist sein Handwerk,
So voll der Arbeit als der Weisen Kunst. –
Denn Torheit weislich angewandt wird Witz.
Doch wozu ist der Weisen Torheit nütz?«
(Was Ihr wollt, III, 1.)

Nicht als gesonderter Bereich neben dem Ernst ist so dem Humor das Lachen wesentlich, sondern in der Ineinssetzung von Ernst und Spaß, von Tollheit und Würde. Die Magd erscheint als die Dulcinea von Toboso, Falstaff spielt den König und Prinz Heinz den Straßenräuber, der Dorfrichter Adam ist der Angeklagte, der nüchterne Alltag, das Gewöhnliche schlechthin, wird in der rationell gewordenen Welt zum eigentlich Poetischen. Der poetisch-preußische Kreisrichter Löhnefinke sieht bei Raabe als »Idealist in der

Politik und als Poet in der Führung des Haushalts« die Zeit kommen, »in der er seine Abrechnungsbücher in Hexametern und in Ottave Rime schreiben wird« (Deutscher Mondschein).

So setzt der Philosoph die Narrenkappe auf, um im Widerspiel gegen die rationell gewordene und verendlichte Welt das Unendliche des Seins und Lebens von dort aus leuchten zu lassen, wohin die Ratio es verbannt hat als das Lächerliche und unwesentlich Abseitige. Swift soll zuletzt nur noch schlechte Bücher gelesen haben, weil in ihnen wie in einem Hohlspiegel die närrische Endlichkeit am meisten zerrissen erschien.

Es ist die gleiche Überzeugung, die bei Lessing, bei Möser, bei Jean Paul den Hanswurst und Pickelhäring zurückruft, weil mit ihnen der eigentliche Ernst verloren und preisgegeben ist.

Was ergibt sich aus diesem hier nur andeutbaren Zusammenhang des Humors für die Frage des Lachens? Zweierlei. Erstens wird im Humor und im humoristischen Lachen die Beziehung des Lachens auf das Ausfallende, Nichtige und Abseitige nicht aufgegeben. Sie bleibt bestimmend. Zweitens aber, und das ist das philosophisch und geistesgeschichtlich Eigenartige, wird die Grenze der Vernunft bewußt, durch die das Ausfallende zum Ausfallenden wird. Das für den verständigen Ernst Wesentliche und Wirkliche ist nicht mehr identisch mit dem Wirklichen und Wesentlichen des Daseins selbst. Die Vernunft hört auf, göttlich zu sein, und wird zur menschlichen Vernunft, die da, wo sie sich für das Ganze nimmt, anmaßend und blind zugleich gegenüber dem Reichtum des Seins wird. Was hier geltend wird, hat dabei philosophisch eine weitreichende Tradition. Es geht zurück auf die spätmittelalterliche Entdeckung des Individuellen als des

Seins, das durch den Allgemeinbegriff nicht erfaßt werden kann, und ebenso auf die Auflösung der antiken und scholastischen Metaphysik im deutschen und englischen Spätmittelalter. Der Shakespearesche Narr, die humoristische Welt des Unsinns haben entsprechend ihren Vorläufer in dem spätmittelalterlichen und humanistischen Lob der Torheit und des Toren, des Laien überhaupt, der die tiefere, weil einfältigere Weisheit besitzt als alle klügelnde und beweisende Gelehrsamkeit der Schulen. Hier wie dort geht es um die Einschränkung der Vernunft, gegen die der unendliche und darum für sie nicht faßbare Sinn des Daseins und Seins ausgespielt wird, und zwar an dem, was diese Vernunft selbst ins Abseits und in die Verborgenheit gedrängt und gezwungen hat. In der Welt des Humors aber wird damit das Lachen zu der Macht, die dieses Abseitige festhält, so wie sie es findet, als das Närrische und Lächerliche, um zugleich von ihm her die vorgegebene und angemaßte Ordnung der verständigen Welt in Frage zu stellen, durchsichtig zu machen und selbst der Lächerlichkeit preiszugeben[9].

So enthüllt sich im Humor als Philosophie und Daseinshaltung am tiefsten der verborgene Sinn, der dem Lachen überhaupt innewohnt. Es ist einmal die unendlich positive Bewegung, in der das für den Ernst Nichtige in der Lebenswirklichkeit bleibt. In den Mysterienspielen des Mittelalters wohnen im heiligen Raum die untergegangenen Götter in der Gestalt des Grotesken fort. Im ständischen Trauerspiel lebt die volkliche Welt in der Sphäre des Spaßes und des derben Scherzes. In der verbürgerlichten Welt der Neuzeit werden der Teufel und die olympischen Götter gezwungen, selbst im bürgerlichen Gewand fortzuexistieren, und im trivialen Witz leben verharmlost zu technischer Verwirrung und zu den Gestalten der häuslichen Feinde die alten dämonischen

Gewalten und Mächte fort[10]. Im Maskenspiel und Mummenschanz der Fastnacht, in den Schüssen der Neujahrsnacht melden sich verwandelt zu bloßem Spiel und Scherz die ehedem mächtigen und furchtbaren magischen Geister. Sie sind verwandelt, aber das Leben hält sie doch im Lachen scherzend und spielend fest in seinem Raum.

Hier liegt zugleich die Gefahr des gewöhnlichen Lachens, und gegen sie hat sich der Humor gewendet. Denn in diesem Fortbestehen werden sie in der rationalisierten Welt selbst nichtig und lächerlich, und ihre Macht geht ins Ferne. Dem gewöhnlichen Verstande erscheint alles, was er nicht begreift zwischen Himmel und Erde, gewöhnlich, und die Welt wird zur Ordnung der Verständigkeit verflacht und ihre Tiefe ins Triviale und Nichtige umgesetzt. Dieses Lachen hält fest, indem es entwertet, aber seltsam tief ist diese Gefahr in der Zeit der Geburt des Humors gesehen und im humoristischen Lachen beschworen.

Bei Shakespeare heißt es: »Man sagt, es geschehen keine Wunder mehr; und unsere Philosophen sind dazu da, die übernatürlichen und unergründlichen Dinge alltäglich und trivial zu machen. Daher kommt es, daß wir mit Schrecknissen Scherz treiben und uns hinter unserer angeblichen Wissenschaft verschanzen da, wo wir uns vor einer unbekannten Welt fürchten sollten.« *(1940)*
(Ende gut, alles gut, II, 3.)

4. Dichtung und Gedanke
Bemerkungen zur Dichtung T. S. Eliots

1

T. S. Eliot ist der Dichter, der vielleicht am tiefsten vom Boden der Dichtung aus und durch Dichtung in das geistige Leben Englands hineingewirkt hat und hineinwirkt. Man hat Eliot einen »religiösen« Dichter genannt. Auch für den Zyklus von Dichtungen, der unter den Titel »Four Quartets« gestellt wurde, scheint das religiöse Element bestimmend zu sein: »Burnt Norton« (1935) – »East Coker« (1940) – »The Dry Salvages« (1941) – »Little Gidding« (1942) klingen »in das mystische Gefühl seelischer Erleuchtung und Ekstase aus«. Einer seiner Essays setzt sich mit der »Idee einer Christlichen Gesellschaft« auseinander (1939); er zeigt, daß »das Religiöse« bei Eliot einen allgemeineren Sinn hat, als man gewöhnlich mit ihm verbindet. Eliot fragt nicht nach dem Anteil, der dem Christlichen innerhalb des Staates und innerhalb der Gesellschaft zukommt, sondern nach den Voraussetzungen dieses Staates und dieser Gesellschaft in ihrem Verhältnis zur christlichen Tradition: »Lange genug haben wir nur an die Werte geglaubt, die auf dem Wege eines mechanisierten, kommerzialisierten und verstädterten Lebens entstehen, aber es ist ebenso notwendig für uns, die bleibenden Bedingungen zu sehen und zu begreifen, unter denen Gott uns erlaubt, auf diesem Planeten zu leben«. Die moderne Gesellschaft sieht auf den Bereich der Wirklichkeit, der durch ihre Zwecke und die ihren Zwecken dienende Begrifflichkeit ausgesondert und fixiert wird. Aber diese Wirklichkeit ist nicht die ganze Wirklichkeit. Zu ihr gehört auch die nicht vom Menschen gesetzte und nicht dem Menschen folgende Ordnung, die Eliot Ordnung der »bleibenden Bedingungen« nennt. Der Mensch sieht sie nicht; er läßt sie außer acht. Er vergißt sie, weil er sie durch seine Begriffe und durch seine Ordnung, die nicht die Ordnung Gottes und der Natur ist, überformt; er deckt sie gleichsam zu und vergißt sie. Das Religiöse bedeutet also die Umkehr, in der der Mensch dieses Vergessene in seine Welt zurückruft; es ist »Rück-Bindung« im ursprünglichen Sinn. Man könnte leicht und im einzelnen zeigen, wie Eliot hier einen Standort gewinnt, der von dem des 19. Jahrhunderts und des aus ihm lebenden Geistes verschieden ist. Es geht nicht darum, wie man in der rationell gesicherten Wirklichkeit auch noch die Religion (gleichsam als Zugabe und Abschluß) festhalten kann, sondern es geht umgekehrt um die Erkenntnis, daß das weltliche Dasein in seinem Reichtum an Einsicht und in der Herrschaft über die Dinge genau um jene Schicht ärmer bleibt, die für die Religion und in ihrer Sprache das mysterium veritatis ist. Diese Schicht ist preisgegeben, nicht von der Natur, sondern vom Menschen.

So hat bei Eliot das Religiöse den Sinn der Bewahrung. Doch auch der Sinn des Bewahrens ist zweideutig. Es kann einmal heißen, das Altgewordene und Abgetane, das an sich Vergangene in die Gegenwart hinüberretten. Ihm gegenüber ist das Gegenwärtige und Zukünftige stärker. Das Vergangene hat keine Kraft gegen ihre Notwendigkeit. Der Mensch kann nicht zurückkehren.

> We cannot revive old factions
> We cannot restore old policies
> Or follow an antique drum[1].

Es gibt kein Festhalten dessen, was in die Zeit zurücksinkt. Die Gegenwart hat ihren Weg.

Last season's fruit is eaten
And the fullfed beast shall kick the empty pail.
For last year's words belong to last year's language.
And next year's words await another voice[2].

Bewahren kann auch bedeuten, das, was im Gegenwärtigen preisgegeben und nicht gesehen wird, als das der Gegenwart Zugehörige und in ihr Nicht-Beachtete festhalten.

Dann ist das Verhältnis zur Gegenwart ein anderes. Die Bewahrung ist die Rückerstattung dessen, was ihr eigentlich gehört, und der Versuch, dem Verlust durch Nichtachtung und Vergessen entgegenzuwirken. Die Bewahrung ist Ausschau nach dem, was in dem, was wir besitzen, und in dem, was wir jetzt wissen, verloren und abgeblendet ist:

Where is the Life we have lost in living?
Where is the wisdom we have lost in knowledge?
Where is the knowledge we have lost in information?[3]

So verbinden sich bei Eliot das bewahrende und das religiöse Element in der Frage nach dem, was in der Gegenwart verloren ist. »There is only the fight to recover what has been lost.«[4] Dies gehört zu dem, was wir selbst sind; unser Weg aber ist immer der Weg voran.

Not fare well,
But fare forward, voyagers![5]

Wir alle kommen aus einer Zeit, in der diese Gleichheit für die Vergangenheit und Gegenwart nicht galt. Nietzsche hat versucht, die Bildung der christlich-antiken Tradition abzuwerfen. Die Wissenschaft übernimmt das Erbe der Metaphysik, des alten Glaubens und der alten Weisheit; das bedeutet auch, sie hat sie abgelöst und überflüssig gemacht. Wahr ist allein das, was sich im Nutzen bewährt. Der Fortschritt ist ohne Widerstand und unermeßlich. Das Zeitalter löst alle Fragen, die die alten Epochen bedrängten; die Gegenwart triumphiert über alle Bedingungen, die sie nicht selbst setzt und schafft. Aber dieser Triumph ist auch die Isolierung von allem, was mehr und anders im Felde des Menschen ist als sie. Die Bindungen sind zerrissen, der Mensch steht vor den Trümmern. In der realen Zerstörung erscheint der innere Verlust.

II

Gibt es von hier einen Zugang zum Wesen der Dichtung Eliots? Was ist ihr Thema? Die Frage ist nicht in der Weise beantwortbar, daß man ihren »Gegenstand« aufweisen kann: die Liebe oder die Landschaft oder den Schmerz, oder die Sehnsucht nach Erlösung. Auch dies ist nicht, wenigstens nicht im unmittelbaren Sinn, ihr Gegenstand. Zwar sind Symbole und Vorstellungen der christlichen Überlieferung überall in sie eingestreut und eingeflochten: das Gebet, die Demut, das Marienbild auf dem Vorgebirge, die abendliche Glocke, die Taube des Geistes, die in Flammen niederschwebt, das Feuer des Purgatoriums. Dennoch kann dies nicht als das Band gelten, das durch die Dichtung hindurchleitet und zu ihrem Sinn hinführt. Die Fülle des Anderen ist ihm nicht untergeordnet. Eher ist es umgekehrt; der »religiöse« Begriff und das »religiöse« Bild und Symbol werden aus der vertrauten Umgebung gelöst und in das »Andere« eingelassen. Ihrem direkten Verständnis werden Schranken gesetzt. Sie erhalten eine Wendung, die dies abschneidet. Das Gebet ist das Gebet der Gebeine am Meeresstrand. Eliot liebt bisweilen Zitationen aus alten Dichtungen, so aus Dante, einzuflechten. Aber sie werden weder als solche kenntlich gemacht, noch werden sie herausgehoben. Wer sie nicht kennt, bemerkt sie nicht. Sie stehen im Gefüge der Dichtung, so wie ältere Steine in den neuen Bau eingefügt werden. Diese Kunst der Einflechtung weist damit auf einen tieferen Zusammenhang hin, in dem das für die Gewohnheit Verschiedenartige und Fremde steht. Es gibt eine Schicht, wo sie sich verbinden können. Aber diese Einflechtung ist keine abstrakte Erfindung, kein Trick. Eliot greift einen Tatbestand auf, der überall zu finden ist, mit dem wir leben, ohne ihn zu beachten. Die Verse und Sprüche, die wir kennen, gehen in dem mit, was wir sonst denken und fühlen, und tauchen aus ihm für das Bewußtsein auf. In den Straßen und in den Räumen der Häuser lebt das Vergangene als das Andere mit und kann plötzlich hinweisen auf das, was es darstellt: das Bild des alten Meisters im Gesellschaftsraum, der Barockgiebel in der Geschäftsstraße, die Blume im Büro.

So beginnt »Animula« mit dem Danteschen Bild der »einfachen Seele«; sie tritt in den Zusammenhang von Dingen und Beziehungen ein, die ihr fremd sind. – Die Zitation selbst verwandelt sich, indem sie in den Lebenskreis des Anderen eingefügt wird:

›Issues from the hand of God the simple soul‹
To a flat world of changing lights and noise,
To light, dark, dry or damp, chilly or warm;
Moving between the legs of tables and of chairs,
Rising or falling, grasping at kisses and toys[6].

Das Religiöse lebt unter den Bildern und Begriffen des Anderen. Es wird zu einem Element seiner Anschauung. Was ist dies Andere? Die Wintersonne auf dem Eis, eine Hecke mit den »vergänglichen Blüten von Schnee«, Rose und Eibe, der Heulton der Boje im Nebel auf See, der Fels im Fluß, das Schweigen in einer im Tunnel haltenden Untergrundbahn, Staatsmänner, Kapitäne, die um das Feuer Tanzenden, die Zeit der Ernte und die Zeit der Zeugung, die Zeit im Lampenlicht, Treibgut auf dem Meer, Fischer, die ihre Netze setzen und am Ufer trocknen, der Mensch in der Mitte des Lebensweges, die Zeit zwischen Mitternacht und Morgendämmerung, die verbrannte Stadt, die Asche am Ärmel eines alten Mannes, der Schrei des Sturmvogels, der Delphin. Alles dies steht nicht jeweils für sich. Es ist auf seltsame Weise ineinander verschlungen, fast so wie im Halbdämmern die Bilder ineinander übergehen, sich assoziieren und miteinander zu einer schwer faßbaren Stimmung verschmelzen. Eliot erreicht, daß die Grenzen, die Unterscheidung, die Abstände ihren absoluten Anspruch verlieren. Die Dinge werden einander nähergebracht. In dieser Annäherung entsteht der Eindruck, als ob sich ihr Aussehen und ihr Begriff änderten. Sie scheinen mehr zu sein. Ihre Bedeutsamkeit öffnet sich gleichsam in Richtung auf einen Hintergrund, vor dem es sinnvoll ist, sie beieinander zu sehen, so daß ihre Distanz und ihre Verschiedenartigkeit nicht das letzte bleiben, was sie kundtun können.

So gehört der Tatbestand, daß Eliot kein fest umrissenes Thema gibt, zum Wesen dieser Dichtung. Ihr ist an dem gelegen, was sonst in der Prosa des Täglichen und seiner Abgrenzungen verborgen bleibt. Auch die Titel haben keine direkte Bedeutung. »The Dry Salvages« sind eine kleine Gruppe von Riffen mit einem Seezeichen an der Nord-Ostküste bei Cape Anne, Massachusetts. East Coker ist das Dorf in der englischen Grafschaft Somerset, aus dem die Eliots 1696 auswanderten und in dem Eliots Asche beigesetzt wurde. Doch der Inhalt der Dichtung ist mit diesen Titeln nicht durch sachliche Anknüpfung, durch Beschreibung oder durch das Geschehnis verbunden. Die Titel selber sind eher Symbol, nicht zu genauer Ausschöpfung bestimmt, und selber wie Seezeichen, die den Stromabschnitt des zu Worte kommenden Lebens bezeichnen. Auch thematisch schreiten die Dichtungen des Zyklus nicht fort von einem Gegenstand zum andern. Eher kann man sagen, daß die Frage in der Bewegung durch die Bilder hin immer von neuem aufgenommen und unterlassen wird:

> You say I am repeating
> Something I have said before. I shall say it again.
> Shall I say it again?[7]

Dieser Gedanke kehrt wieder. Die (in allem verborgene) »Forderung« ist für die meisten von uns nicht realisierbar, heißt es am Ende der »Dry Salvages«, aber wir bestehen ohne Niederlage, weil wir im Versuchen weitergehen.
Mit dieser Situation des Versuchens, das sich immer neu auf die Folge der Bilder in der Kette des Lebens einläßt, scheint der Sinn dieser Dichtung eng verknüpft zu sein. Liegt hier die Beziehung zu dem, was über das Religiöse als Frage nach dem »Verlorenen« gesagt ist? Die Antwort ist in den Elementen des Gesagten angelegt. Es geht immer um das Vergessene, das Nicht-Beachtete und Nicht-Geehrte, das in die Unterscheidungen unseres Lebens eingestreut und eingelassen mitgeht. Es geht um das, was diese Unterscheidungen auslassen, die Welt des Zwischen, des Unbestimmten da, wo alles von der Bestimmtheit beherrscht wird. Hier liegt die Bedeutung des »mystischen« Ausdrucks, der paradoxen Wendung und der Beschreibung durch die »Koinzidenz« dessen, was sich sonst für uns widerspricht und wechselseitig ausschließt. Es ist das begriffliche Element, das Eliot aus der Tradition hereinnimmt, so wenn »Dry Salvages« III, mit der Frage nach dem, was Krishna meint, beginnt. Die Ausdrücke der Koinzidenz sind bei Eliot zahl-

reich; sie kehren in allen Zusammenhängen wieder: die unmögliche Einung, die Devotion, die ohne Devotion ist, die heraklitische Gleichheit des Weges aufwärts und des Weges abwärts, die Einheit des zeitlichen Anfangs und zeitlichen Endes, die Zeit, die als Zerstörerin auch die Bewahrerin ist. So sucht Eliot das Zugleich im Nacheinander zu erreichen. In einer höchst kunstreichen und in ihrer Einfachheit fast verborgenen Dialektik ändert Eliot die übliche Betrachtung. Indem der Blick sich von der Folge abkehrt, erscheint die nächste Gestalt als die Wandlung der vorhergehenden, als ob es immer das Gleiche sei, was in der Veränderung bleibt.

In my beginning is my end. In succession
Houses rise and fall, crumble, are extended,
Are removed, destroyed, restored, or in their place
Is an open field, or a factory, or a by-pass.
Old stone to new building, old timber to new fires,
Old fires to ashes, and ashes to the earth
Which is already flesh, fur and faeces,
Bone of man and beast, cornstalk and leaf[8].

»Ich weiß nicht viel von den Göttern«, beginnen »The Dry Salvages«, »aber ich denke, daß der Fluß ein starker brauner Gott ist«. Dieser Gott wird von den Menschen über ihren Ordnungen vergessen, die sie über ihn und die Natur legen und spannen. Beachtet wird der Fluß als Grenze, als Handelsweg; er ist ein Problem für den Brückenbauer. Ist dieses Problem gelöst, so ist er »nahezu vergessen«. Es ist deutlich, wie diese Stufen des Vergessens nicht Stufen der Abwendung von ihm, sondern gerade seiner Einbeziehung in den menschlichen Bereich sind. Eliot sagt daher, daß der Gott nicht geehrt wird von den »Verehrern der Maschine« und den »Bewohnern der Städte«.

So hört das Vergessene nicht auf zu sein; der Fluß »lauert und wartet«; er hört nicht auf, Element unserer Welt zu bleiben, mit dem und in dem wir leben. »Der Fluß ist in uns«. Der Fluß erinnert bisweilen an sich, mit seinen Jahreszeiten, mit seinen Ausbrüchen und auch mit Zerstörung. Er bleibt uns zugewendet: »Wartend, beobachtend, wartend«. Auch die See ist in uns. Auch sie gibt Hinweise auf ihr fremdes, verborgenes Sein. Eliot spricht von den seltsamen, wie aus einer anderen Welt kommenden Dingen, die die See auswirft: Seestern, Einsiedlerkrebs, die Wirbelsäule eines Wales, die zarte Alge, die Seeanemone.
Alles dies sind

Its hints of earlier and other creation[9].

Alles Angetriebene ist solch ein Hinweis; die See hat »manche Stimmen, manche Götter, manche Stimmen«: Die Heulboje, die Möwen, auch das Salz im Strauch der Wildrose und Nebel in den Kiefern.

Vielleicht ist deutlich, wie hier der Zusammenhang zwischen dem »Vergessenen« und unserer Unterscheidung und Abgrenzung in Eliots Dichtung sehr exakt gefaßt wird. Gesehen sind See und Fluß, soweit sie in unsere Welt gehören. Aber diese Sicht ist auch die Form des Absehens. Das, was sie selbst sind, tritt als das Göttliche zurück. Auf dieses Göttliche weist die Dichtung. Sie ist ihrem Wesen nach Kundgabe dessen, was sonst nicht gesehen und in der Prosa nicht vernommen wird. Sie ist so Organ der Hinweise des im Gegenwärtigen verborgenen Gegenwärtigen. Damit ist auch die koinzidenzielle Betrachtung der Dichtung verständlich. Sie hebt das auf, wodurch wir uns isolieren und in unserer begrifflichen und praktischen Unterscheidung nach unserem Maß abtrennen. Hier liegt ihr Erkenntnisanspruch; sie geht über die vom Menschen selbst gesetzte und in der Art seines

Denkens und Tuns bedingte »Chronometer-Zeit« hinaus, in der wir die Dinge messen und bemessen. Die Stimme einer älteren Zeit sucht die Dichtung zu hören und vernehmlich zu machen, wie in der wegweisenden Heulboje, deren Ton die Zeit der See und ihrer Bewegung lenkt.

Alles, was Eliot dichterisch sucht und zusammenträgt und ausspricht, sind solche Hinweise auf das Verlorene in der proteischen Folge der Bilder, in den Eindrücken und in dem plötzlich Gesehenen, das uns unversehens ergreift und berührt wie eine Erleuchtung, die aus dem Gewöhnlichen und Gewohnten herausnimmt:

> Something that is probably quite ineffable[10],

das Unsagbare ist das, was die Grenzen unserer Vordergründigkeit überschreitet, und Inkarnation des Verlorenen.

> For most of us, there is only the unattended
> Moment, the moment in and out of time,
> The distraction fit, lost in a shaft of sunlight,
> The wild thyme unseen, or the winter lightning
> Or the waterfall, or music heard so deeply
> That is not heard at all, but you are the music
> While the music lasts. These are only hints and guesses,
> Hints followed by guesses, and the rest
> Is prayer, observance, discipline, thought and action.
> The hint half guessed, the gift half understood, is Incarnation.[11]

III

So ist Dichtung das Organ, durch das die Hinweise vernommen werden. Hier liegt ihre Schwierigkeit. Wir sind aus der romantischen Tradition und aus der Tradition des Liedes gewohnt, im Poetischen die Steigerung und Erhebung unseres Gefühls zu sehen. Wir sind weiter gewohnt, daß das Poetische auch die Natur der Dinge so umformt, daß sie gleichsam ihren Widerstand gegen uns aufgeben und bereit werden, unsere Gefühle und unsere Stimmung zu tragen und unsere Liebe, unsere Sehnsucht und unseren Schmerz auszudrücken. Dieser Form des Poetischen steht Eliot fern. Die Dichtung hat die Nüchternheit und die Strenge der Erkenntnis. Der Gedanke und die präzise allgemeine Formulierung sind ihr Element:

> You must go by a way where there is no ecstasy[12].

Die Grenzen der Zeit werden nicht übersprungen; das Weitere, sagt Eliot, ist nicht unsere Sache.

> We, content at the last
> If our temporal reversion nourish
> (Not too far from the yew-tree)
> The life of significant soil[13].

Das ist bezeichnend: die Nähe der Eibe, des heiligen Baums, den bedeutsamen Boden bewahrt und ehrt die Dichtung als das, was die rationelle Ordnung fortgibt. Während diese die Natur und die Dinge dem Menschen unterwirft, bindet die Dichtung den Menschen an »die bleibenden Bedingungen«. »Dichtung ist Rühmen«, hat Rilke gesagt. Der Dichter hat die Worte, das Vergessene auszusprechen. Er hat die Form, die die gewöhnlichen Worte (die das Instrument des Vergessens sind) umkehrt und zur Kundgabe des Bleibenden nötigt.

Only by the form, the pattern,
Can words or music reach
The stillness[14].

In diesem bewahrenden Sinn liegt die Aktualität der Dichtung Eliots. Es ist seltsam, wie unversehens die Stunde kommt, in der überall die gleichen Wege gesucht werden und man ihrer bedarf.

Diese Dichtung des Rühmens und der Rückbindung hat gewiß ihre alte Tradition. Es ist indes wohl ein Zeichen der Zeit, daß die Menschen nach dem Verlorenen auszusehen und zu verlangen beginnen; der Dichter vermag da Wege zu weisen, wo das Pragmatische und der Nutzen das Werk und den Gedanken beherrschen sollen. *(1945)*

5. Die Aufgabe der Geisteswissenschaften in der modernen Gesellschaft

I

Die Probleme, die heute die Universität mit dem Massenandrang von Studierenden und der ständigen Zunahme von Berufen, die für ihren Nachwuchs die akademische Bildung fordern, bei gleichzeitig schnell fortschreitender Ausweitung und Differenzierung der Forschungsaufgaben bedrängen, sind von der Größenordnung, daß sie auf die Dauer ihre Lebens- und Arbeitsfähigkeit gefährden. Die Frage ist gestellt, ob es noch gelingt, den institutionellen Aufbau der Universität und ihre Arbeitsmethoden in Forschung und Lehre den vermehrten Anforderungen anzupassen, die nach dem alten Gesetz, daß Quantität in Qualität umschlage, notwendigerweise auch veränderte Anforderungen sind. Zu der Auseinandersetzung mit ihnen gehört daher weithin und wie selbstverständlich die Überzeugung, daß in ihr eine *strukturelle Krise der Universität* als solcher, zumal in ihrer auf die Reform *Humboldts* zurückgehenden deutschen Form manifest werde; an den gegenwärtigen Schwierigkeiten erweise sich ihre Unzeitgemäßheit. Als eine auf die Bildung des Menschen durch Teilhabe an reiner Erkenntnis und Forschung gestellte Institution stehe sie prinzipiell im Widerspruch zu den notwendigen Bedürfnissen der industriellen Gesellschaft; sie vermöge nicht zu leisten, was die Gesellschaft von ihr fordern müsse, sofern ihre Praxis im Unterschied zu allen ihren vormodernen Formen grundsätzlich nicht von der in den praktischen Berufen und Künsten selber erworbenen und überlieferten Einsicht und Erfahrung getragen wird, sondern auf die Wissenschaften und den durch sie vermittelten Zugang zur Wirklichkeit verwiesen ist. Wo so die Wissenschaft zur Basis der Praxis nicht mehr nur in der industriellen und technischen Nutzung der Natur, sondern nahezu in allen Bereichen und Zweigen des politischen und sozialen Lebens geworden ist, *soll es den Sinn verlieren, an der Idee einer von der praktischen Funktion getrennten und nicht auf praktische berufliche Anwendung abzielenden Bildung festzuhalten.* Das hat nach dem ersten Weltkrieg *Max Scheler* ausgeprochen: »Unsere Universität« leide an einem »fundamentalen Widerspruch«; sie sei »de facto unter dem Druck der Verhältnisse gar nicht mehr ›universitas‹, sondern eine Summe von Fachschulen«, wolle aber gleichwohl »Erziehungsstätte für Forscher durch Forscher« bleiben; sie sei so zu einer »Fachschule mit schlechtem, nicht mit gutem Gewissen« geworden. An diesem grundsätzlichen Widerspruch zwischen der wirklichen Funktion der Universität und der von ihr selber behaupteten Bildungsidee müsse jede Reform und Wiederherstellung der »universitas« zuletzt scheitern. Scheler nennt sie daher den »im Grunde traditionalistischen Versuch, ein Bildungsinstitut, das soziologisch Wesen und Geist des Mittelalters atmet, nicht nur in seiner Schale, die da noch besteht, festzuhalten, sondern es auf einem dafür *ungeeigneten* geschichtlichen Boden wieder lebendig zu machen«[1]. Jetzt hat *H. Schelsky* in seiner Münsterer Antrittsvorlesung[2] die Frage neu aufgenommen, »ob die heutige Universität ihrer Struktur nach noch Bildung im Sinne Humboldts vermittele«, und sie als Soziologe zur Erörterung gestellt. Das ungemeine Verdienst Schelskys liegt darin, daß er methodisch auf dem Wege einer genauen Bestimmung der in Humboldts Bildungsvorstellung implizierten *sozialen* Voraussetzungen die vielschichtige Diskussion um die Universität auf die prinzipiellen Fragen reduziert, um die sie zuletzt und im Grunde geführt wird. Das erste ist die Feststellung, daß zur akademischen Freiheit im Sinne Humboldts entgegen allen mit ihr assoziierten Vorstellungen von Selbstverwaltung und Autonomie der Universität und ihrer Körperschaften im Verhältnis zum Staat konstitutiv zuerst die »Einsamkeit« gehöre. Dies meint sachlich, daß Professoren wie Studenten als Lehrende und Lernende aus dem Zusammenhang der bürgerlichen Lebenssphäre und ihren praktischen Zwecken und Interessen herausgenommen und für die reine Wissenschaft und die durch sie vermittelte Bildung freigestellt werden. In der Verbindung mit »Einsamkeit« wird daher Freiheit als akademische Freiheit von Humboldt negativ durch die Abgrenzung der Wissenschaft gegenüber den »pragmatischen, auf nützliche Berufsausbildung gehenden Forderungen des Staates als Repräsentanten der gesellschaftlichen Interessen«[3] und positiv durch das auf die reine Wissenschaft beschränkte Leben des Gelehrten und durch die gegen die unmittelbaren Anforderungen fachlicher Ausbildung abgeschirmte Bildung in lernender Teilhabe an der Wissenschaft definiert.

Diese Herauslösung der Humboldtschen Universität muß nach Schelsky notwendigerweise mit den praktischen Bedürfnissen und Interessen der Gesellschaft in Konflikt kommen. Die Universität verliere als Bildungsinstitution in dem Maße die Tragfähigkeit, wie die akademische Welt als solche in der »Umgestaltung der Universität zum modernen Großbetrieb« nach dem Muster der für die moderne Wirtschaft typischen Organisationsform »mehr und mehr eine Funktionsgruppe der modernen Industriegesellschaft« wird[4]. Wo alle Bereiche der Praxis notwenig und in raschem Fortschritt dem »Vorgang der Verwissenschaftlichung« unterworfen sind, »kann sich die Wissenschaft nicht mehr vom praktischen Leben abgrenzen, sondern sie reicht in vielerlei Abstufungen unmittelbar bis in die letzte praktische Tätigkeit«. Das schließt für Schelsky ein, daß »die Wissenschaft, zur Substanz des praktischen Handelns ... geworden, ... an sich keineswegs mehr Träger einer sich über das praktische Leben und seine Zweckanforderungen erhebenden Bildung« zu sein vermag. Daraus ergibt sich als Folgerung: »die Grundprämisse der deutschen Universitätsidee und Bildungsvorstellung muß fallen gelassen werden.« An den heutigen Universitäten sei »Bildung im Humboldtschen Sinne« nicht mehr zu erreichen. Sie könne nur »nach oder außerhalb einer wissenschaftlichen Berufsausbildung« allenfalls in einem »jenseits der Universität immer noch möglichen Raum der Bildung in Freiheit und Einsamkeit« verwirklicht werden[5].

In diesem Vortrag geht es Schelsky in erster Linie darum, die Diskussion um die Möglichkeiten und Grenzen einer Universitätsreform zu bereinigen. Sie wird daher in Beziehung zur sozialen Wirklichkeit gesetzt. Doch bleibt das Kernstück – wie bei M. Scheler – die diagnostische Zurückführung der gegenwärtig die Universität bedrängenden Schwierigkeiten und Probleme auf die strukturelle Krise, in die sie für Schelsky in ihrer Humboldtschen Bestimmung notwendig geraten muß, nachdem Wissenschaft zur Funktion und damit zur »Substanz« der gesellschaftlichen Praxis geworden ist. Dies ist die These, die – bewußt in der Absicht, das Nachdenken zu provozieren – zur Erörterung gestellt wird. Die von der Universität auf dem Boden der industriellen Gesellschaft geforderte Bildung ist – nicht mehr beschränkt auf wenige »akademische« Berufe – fachliche Ausbildung (I). Daher läßt sich eine aus dem Zusammenhang der gesellschaftlichen Praxis gelöste »freie« Bildung durch Teilhabe an reiner Wissenschaft auf die Dauer nicht halten; sie widerspricht als »Erhebung über das praktische Leben und seine Zweckanforderungen« den elementaren Notwendigkeiten der gegenwärtigen Wirklichkeit (II). Das war ebenso Schelers Meinung, wenn er die Bemühung um Reform und Wiederherstellung der Universität im Sinne der »universitas« als den nur »traditionalistischen« Versuch zurückweist, eine soziologisch zum Mittelalter gehörige Bildungsinstitution auf dem Boden der modernen Gesellschaft zu konservieren.

Die »Grundprämisse« der Universität, die so im Zusammenhang der industriellen Gesellschaft ihre Funktion verlieren soll, ist die Bildung in der Freiheit und Einsamkeit reiner, nicht zweckgebundener Wissenschaft. Aber sie steht ihrerseits in der großen, zweieinhalb Jahrtausende alten von Griechenland herkommenden Überlieferung der Philosophie; sie kann als die Erneuerung der sie tragenden Idee einer ebenfalls aus dem Zusammenhang der Praxis gelösten freien Wissenschaft gelten. Aristoteles hat für sie wohl zuerst den Begriff der *»Theorie«* eingeführt.[6] Er nennt die Philosophie mit den zu ihr gehörigen Wissenschaften »Theorie« oder auch *»theoretische Wissenschaft«*, um sie von den ihr vorgegebenen praktischen und im Dienste der »Künste« stehenden Wissenschaften zu unterscheiden.[7] Während diese die Aufgabe haben, die Dinge für uns verfügbar und nutzbar zu machen, und so immer praktischen Zwecken untergeordnet sind, tragen die »theoretischen« Wissenschaften als »nicht notwendige« und daher »freie« Erkenntnis ihren Zweck in sich selbst.[8] Sie treten aus dem Zusammenhang der Praxis heraus, um das, was ist, als das »Seiende« in dem zu begreifen, was es nicht für uns in seiner Nutzung, sondern »an sich« und »als es selbst« ist. Wo die Künste und ihre Wissenschaften das »Notwendige« besorgen, übernimmt die Theorie daher die Aufgabe, in freier erkennender Teilhabe das Seiende gegenwärtig zu halten. Der Begriff der »Theorie«, ehe er von Aristoteles in das Feld der Wissenschaft überführt wurde, wo er in einer über die Jahrhunderte hin fortwirkenden Tradition seinen legitimen Ort erhalten hat, bedeutet in einem zur Zeit des Aristoteles noch durchaus lebendigen Sprachgebrauch das Anschauen der zu Ehren der Götter gefeierten Spiele; er kann ebenso auch die Gesandtschaft bezeichnen, die eine Polis zu den allgemeinen Festspielen schickt, um sich durch sie in der anschauenden Teilnahme an ihnen vertreten zu lassen.[9] Daran knüpft Aristoteles an; er nimmt den Begriff der Theorie auf, um verständlich zu machen, was es heißt, daß mit der Philosophie und den mit ihr verbundenen Wissenschaften (Physik, Mathematik) zu den in der Polis vorgegebenen praktischen Wissenschaften in ihrer allen vertrauten Bestimmung eine »freie«, »nicht notwendige« Wissenschaft hinzugetreten ist. Die »theoretische Wissenschaft« ist so für Aristoteles – und das gilt im gleichen Sinne für *Platon* – später als die Wissenschaften, die zur Praxis und ihren Künsten gehören. Die Frage liegt daher ursprünglich auch nicht in der »Anwendung« der Wissenschaft, ob sie ihrem Wesen widerspreche oder ob in ihr ihre eigentliche Bestimmung und ihr Zweck zu suchen seien. Das Problem liegt vielmehr in der freien »theoretischen« Wissenschaft; sie bedarf als das »nicht dem Gebrauch Dienende« und so praktisch »Nutzlose«[10] der Begründung. Sie wird von Platon und Aristoteles gegeben: die theoretische Wissenschaft gehört zur Polis, um für sie die Zusammenhänge der Welt offen zu halten, in denen sie mit ihrer Praxis an sich und »immer schon« steht, ohne sie jedoch, auf den Verfolg ihrer praktischen Zwecke und Aufgaben eingeschränkt, als ihre Welt begreifen und gegenwärtig haben zu können. *Die theoretische Wissenschaft tritt so zur praktischen hinzu, um das begreifend zu »erinnern«, was diese notwendig auslassen und »vergessen« muß.* So gehört für Aristoteles die »freie«, »nicht notwendige« Theorie positiv zur Praxis der Polis und zu den Wissenschaften, die ihre Künste tragen. Sie übernimmt in ihrem Zusammenhang die Funktion, den in ihr an sich vorausgesetzten und implizierten Weltbezug ausdrücklich zum Gegenstand zu machen; sie ist seine Aktualisierung.

Aber dieses Verhältnis von Theorie und Praxis trägt zugleich von Anbeginn die Spannung in sich, daß die theoretische Wissenschaft als Philosophie »Theorie über das Sein«, »einzige Erhebung zur Anschauung des Ganzen« oder (wie Aristoteles auch sagt) »Wissenschaft ist, die vom Göttlichen handelt«[11]; sie ist damit zugleich ihrem Grunde wie ihrer Bestimmung nach vom praktischen Leben und seinen Zwekken geschieden; das auf die Philosophie gegründete »theoretische Leben« verhält sich zum »bürgerlichen Leben« der Polis, wie sich das »Göttliche« zum »Menschlichen« verhält.[12] Diese Spannung wird bei Aristoteles noch in der Einheit der Polis ausgeglichen, sofern sie für ihn der Ort ist, in dem allein das Menschsein des Menschen Wirklichkeit hat, so daß es kein Leben im Göttlichen und in der Seinsordnung geben kann, das nicht zugleich in das »bürgerliche Leben« der Polis eingelassen ist. Aber bereits in hellenistischer Zeit sind theoretisches und praktisches politisches Leben auseinader getreten. Die »Jünger der Weisheit«, die »nur mit dem Körper unten auf der Erde fußen, ihrer Seele aber Flügel leihen, um sich zum Himmel aufzuschwingen«, meiden nach *Philon* »den Verkehr mit den Männern des praktischen Lebens und verabscheuen die Stätten, wo jene verkehren, Rathäuser, die Agora und überhaupt alle Versammlungen«[13]. Mit dem Christentum wird die »Theorie« dann endgültig auch in das religiöse Verhältnis des Menschen hineingenommen; *sie wird damit für Jahrhunderte aus ihrer ursprünglichen Zugehörigkeit zur Praxis und ihrer Künste gelöst.* Dem entspricht, daß der erste lateinische Übersetzungsbegriff der »Theorie«: »contemplatio« bereits früh in das Feld der inneren, mystischen Gottesschau abwandern kann, während der ihn ersetzende Begriff der »cognitio speculativa« ausschließlich auf die Philosophie bezogen bleibt, sofern sie als »freie, nicht notwendige, sondern göttliche Wissenschaft sich um das Göttliche sammelt«[14]. Der Begriff der Spekulation hat so bis heute und ohne daß der Zusammenhang mit der aristotelischen »Theorie« überhaupt noch bewußt wird, die Funktion behalten, die philosophische Erkenntnisweise im positiven wie im negativen Sinne von den Einzelwissenschaften zu unterscheiden.

Erst im Zusammenhang dieser Tradition der philosophischen, von der Praxis getrennten und in der anschauenden Zuwendung zum »Göttlichen« begründeten »Theorie« wird verständlich, warum der Versuch Humboldts, die Universität geistig auf die reine, gegen die Zweckanforderungen der Gesellschaft in Freiheit und Einsamkeit abgeschirmte Wissenschaft zu gründen, mit der Problematik der Unzeitgemäßheit und des Widerspruchs zu den gesellschaftlichen Notwendigkeiten belastet ist. Der Grund hierfür liegt zuerst in der Wissenschaft selbst; sie hat sich als *»moderne« Wissenschaft geschichtlich und sachlich in der Emanzipation aus dem Zusammenhang der philosophischen Theorie konstituiert.* Sie ist ihr gegenüber »autonom« in der Bestimmung geworden, daß für sie nur Aussagen zugelassen sind, die aus den ihrer Methode zugrunde gelegten Prinzipien mittelbar oder unmittelbar begründet werden können, gleichgültig, was das von ihnen Ausgesagte sonst etwa im metaphysischen oder theologischen Zusammenhang sein mag. In dieser Unabhängigkeit sowohl von ihren eigenen geschichtlichen, theologischen und metaphysischen Voraussetzungen wie vom Austrag aller mit ihnen verbundenen Fragen ist für *Kant* die *»Revolution der Denkart«* begründet, mit der die Naturwissenschaft auf den »Heeresweg der Wissenschaft traf« und zu »sicherem Gange« gebracht wurde. Indem sie sich auf das Buchstabieren von Erscheinungen beschränkte statt nach dem an sich Seienden zu fragen, ging »allen Naturforschern ein Licht auf«; sie begriffen, »daß die Vernunft nur das einsieht, was sie selbst nach ihrem Entwurfe hervorbringt«, indem sie die Natur nötigt, »auf ihre Fragen zu antworten, nicht aber sich von ihr allein gleichsam am Leitbande gängeln« läßt.[15] Im gleichen Sinne hat unabhängig von Kant *Auguste Comte* die »grundlegende Revolution, die das Mannesalter unseres Geistes kennzeichnet«, verstanden; sie beruht für ihn darauf, daß die Wissenschaften jede metaphysische Fragestellung aufgeben und so »an die Stelle der unerreichbaren Bestimmung der eigentlichen Ursachen« die »einfache Suche nach Gesetzen« und die Erforschung der durch sie geregelten »Verknüpfung von Erscheinungen, die beobachtbar sind«, setzen.[16] So wenig Kants transzendentale und Comtes positive Philosophie sonst miteinander gemein haben, sie gehen beide davon aus, daß die moderne Wissenschaft ihre Sicherheit und Sonderstellung nur erlangen konnte, weil sie darauf verzichtete, »in das Geheimnis des Hervorgangs der Erscheinungen einzudringen«, und sich damit von der Tradition der Metaphysik und philosophischen Theorie und so von ihrer eigenen Herkunft unabhängig machte.

Daher sind bereits im 18. Jahrhundert vor allem in Frankreich die Fortschrittslehren (Fontenelle, Turgot, Condorcet u. a.) den Weg gegangen, die nicht mehr im geschichtlichen Zusammenhang der Philosophie begreifbaren Wissenschaften durch ihre Zuordnung zur Praxis zu begründen. Sie haben dafür auch retrospektiv die Geschichte der europäischen Philosophie und Wissenschaft auf die Inhalte reduziert, die die praktische Herrschaft des Menschen über die Natur ermöglicht und vorbereitet haben. Der Matrose, der heute sicher die Meere befährt, wird von Condorcet ermahnt, sich des Dankes bewußt zu sein, den er hierfür den mathematischen Entdeckungen der Schule Platons schulde.[17] Vierzig Jahre später spricht Comte – nun bereits in unmittelbarer Zuwendung zur industriellen Gesellschaft – aus, daß jetzt die Geschichte selbst die gesellschaftliche und praktische Begründung der Wissenschaften durchgesetzt habe. Das »positive Studium der Natur« sei zur »rationellen Grundlage für die Einwirkung des Menschen auf die äußere Welt« geworden; sie werde aber künftig nicht auf die »unorganische Natur« beschränkt bleiben, sondern über sie hinaus zu der »Kunst« fortschreiten, die, gegründet auf die Wissenschaften und ihre »positive Philosophie«, die Veränderung und Vervollkommnung auch der moralischen und politischen Welt der Gesellschaft zur Aufgabe hat.[18]

Alle diese auf die praktische gesellschaftliche Funktion gestellten Wissenschaftslehren haben die große und allgemeine Bedeutung, daß sie überhaupt zuerst und damals allein erkannten, daß die moderne Wissenschaft durch ihre Unabhängigkeit vom Austrag metaphysischer Fragen und in ihrer Beschränkung auf das Studium beobachtbarer Erscheinungen dazu befähigt wird, zur Basis der gesellschaftlichen Praxis zu werden.

Aber diese Zuordnung der Wissenschaft zur Gesellschaft und ihrer Praxis wird dann durch Bestimmungen überlagert, die aus der mit ihr verbundenen kritischen Destruktion der klassischen Philosophietradition entspringen. Zu ihr gehört hier zugleich auch immer die Überzeugung, daß mit der durch die moderne positive Wissenschaft endgültig ermöglichten und verbürgten Herrschaft des Menschen über die Natur sowohl die Metaphysik wie die Theologie jede Bedeutung verlieren; sie sollen da, wo die Gesellschaft zum Sein des Menschen wird, gegenstandslos werden.

Die gleiche platonische Philosophie, der der Matrose Dank schuldig geworden ist, wird so für Condorcet als »Spekulation« zu Recht in einem Zeitalter vergessen, in dem die Menschheit bereits der Vollendung ihres Geistes in einer real unbeschränkten Herrschaft über die Natur entgegengeht. Genau in dem gleichen Sinne heißt es bei Comte, daß die »positive« Wissenschaft die »metaphysische und theologische Philosophie« »vollständig ersetzen« wird; sie habe schon jetzt als das im Verhältnis zur Gesellschaft Regressive nur noch »historisches Dasein«[19].

Diese Absage an die Metaphysik wird für die Auseinandersetzung um die moderne Wissenschaft und ihre Begründung so wichtig, weil sie verständlich macht, warum die als solche für ihren Bereich legitime praktische Definition der Wissenschaft hier grundsätzlich und von vornherein die Möglichkeit ausschließt, auch nur in Erwägung zu ziehen, ob die Wissenschaften daneben auch in der Bestimmung der Theorie und unabhängig von ihrer Anwendbarkeit für die Gesellschaft Bedeutung haben könnten. Der Grund liegt zutage: *Die Theorie ist ihrem Begriff wie ihrer Funktion nach so fest an die Metaphysik und ihre Tradition gebunden, daß da, wo diese nichts mehr sein soll, auch die Möglichkeit blokkiert wird, von den Wissenschaften die Erfüllung von Aufgaben für die Gesellschaft zu erwarten, die wie die freie Erkenntnis nicht mittelbar oder unmittelbar der Praxis zugeordnet werden können.* Das gilt für Comtes klassische Definition der Wissenschaften durch das »Voir pour prévoir pour prévenir« ebenso wie für den späteren Pragmatismus in allen seinen Schattierungen. *K. Marx* hat in der Zuordnung aller Erkenntnis zur revolutionären Praxis der Philosophie, die die Welt bisher immer »nur verschieden interpretiert« habe, die Forderung entgegengehalten, daß es darauf ankomme, sie zu verändern.[20] Das ist das Allgemeine. Immer wird hier die praktische Funktion zur *einzigen* Bestimmung der Wissenschaft, weil alles, was sie als »Theorie« zu sein vermag, an die Philosophie gebunden bleibt, die für die Gesellschaft nichts mehr bedeuten soll. Eine Ausnahme hiervon scheint darin zu liegen, daß den Wissenschaften im 19. Jahrhundert dann gleichwohl zugemutet wurde, die Methaphysik und Religion durch eine auf sie gegründete »wissenschaftliche Weltanschauung« zu ersetzen. Doch die Ausnahme bestätigt auch hier die Regel. Das Feld, in dem die Auseinandersetzung um die Wissenschaften und ihre Begründung im Verhältnis zur Gesellschaft geführt wird, bleibt so völlig von der Alternative beherrscht, sie entweder »metaphysisch« oder »praktisch« zu definieren, daß die Wissenschaft, wenn von ihr überhaupt eine nicht mit ihrer praktischen gesellschaftlichen Funktion identifizierbare »theoretische« Aufgabe noch erwartet wird, man diese nur in der Form denken und vorstellen kann, daß die Wissenschaft mit ihr entweder zur Metaphysik werden oder sie ersetzen muß.

In dem geschichtlichen Zusammenhang dieser durch die antithetische Stellung von Gesellschaft und Metaphysik zueinander bestimmten Auseinandersetzung um die Begründung der modernen Wissenschaft steht auch die *Bildungskonzeption Humboldts.*

In der Planung und Vorbereitung der Berliner Universität geht es ihm wie den ihm Gleichgesinnten darum, konkret in der Abwehr der Gleichsetzung des menschlichen Seins mit der Gesellschaft eine Institution zu schaffen, die in der Lage sein soll, die von der »totalen Verbürgerung« bedrohten geschichtlichen und geistigen Zusammenhänge des Menschen zu wahren und zu lebendiger Wirksamkeit zu bringen.[21] Wenn auch die Förderung praktischer »Fertigkeit« eine größere Rolle spielt, als man gemeinhin anzunehmen bereit ist – so nennt *Fichte* die Universität eine »Schule der Kunst des wissenschaftlichen Verstandesgebrauchs«[22] –, bleibt doch die Hinführung zu einer »über die Wirklichkeit hinausliegenden Ansicht der Wirklichkeit, bei welcher allein die Menschheit Heilung finden kann«, allem anderen vorgeordnet.[23] Es gelte, den Geist durch das »Leben mit der Wissenschaft« zu »veredeln«. Alles, was »höhere wissenschaftliche Anstalten« zu leisten vermöchten, sei einzig dem Zweck unterstellt, der »moralischen Kultur der Nation« zu dienen. Sie sollen den Lernenden den »Stoff der geistigen und sittlichen Bildung zu seiner Benutzung hingeben«, um ihren Charakter in der freien Teilhabe an der »Wissenschaft, die aus dem Innern stammt und ins Innere gepflanzt werden kann«, »umzubilden« und damit der Gefahr der »Verbürgerung« zu wehren.[24]

Obwohl die Wissenschaften, denen in der neuen Universität der Ort gegeben wird, die modernen von der Philosophie unabhängigen Wissenschaften sind[25], bleibt

Humboldt in dieser Zielsetzung seiner eigenen Herkunft gemäß an dem Leitbild der Philosophie und einer auf sie gegründeten Bildung orientiert. So hat *Hegel* seine Berufung nach Berlin verstanden; sie bringe ihn an einen »Mittelpunkt aller Geistesbildung und aller Wissenschaft und Wahrheit«, an dem sich »die Philosophie wieder Aufmerksamkeit und Liebe versprechen darf – wo diese beinahe verstummte Wissenschaft ihre Stimme wieder zu erheben vermag«[26]. Dem entspricht, daß sich der erste Ruhm der jungen Universität an die mächtige Wirkung knüpfte, die *Schleiermacher, Fichte* und ihm nachfolgend *Hegel* an ihr ausübten.

Aber das war nach Hegels Tode vorüber. Als Friedrich Wilhelm IV. *Schelling* berief (1841), um den fortwirkenden Einfluß Hegels einzudämmen, zeigte sich, daß die spekulative Philosophie nicht mehr die Kraft hatte, das Ganze zusammenzuhalten. *Der innere Widerspruch war hervorgetreten, der in dem Versuch lag, die positiven Wissenschaften dadurch vor der in ihrer nur praktischen Definition liegenden Verarmung zu retten, daß man ihnen in ihrer Zuordnung zur Philosophie eine Bildungsaufgabe übertrug, die sie ihrem methodischen Prinzip nach nicht erfüllen konnten.* Schelling zog sich bald erbittert wie enttäuscht nach Ragaz zurück, um die Freiheit und Einsamkeit philosophischer Theorie für sich in das Abseits eines auch real von jeder Wirksamkeit abgeschiedenen Lebens zu retten.

Daher hat es einen guten Sinn, daß zur gegenwärtigen Auseinandersetzung um die Universität die kritische Distanz gegenüber der Humboldtschen Konzeption wie überhaupt die Skepsis gegen alle »höheren« und »idealistischen« Vorstellungen von ihren Aufgaben gehören. Der Verdacht, daß mit ihnen von den Wissenschaften verlangt werde, was sie ihren eigenen Voraussetzungen nach nicht zu geben vermögen, hat zur Folge, daß man sich zunächst und zuerst an die praktischen Funktionen zu halten sucht, die ihnen auf dem Boden der industriellen Gesellschaft in Anwendung und Ausbildung jedenfalls zufallen. Aber diese heilsame und notwendige Ernüchterung führt nur weiter, wenn man in der Auseinandersetzung mit Humboldt zugleich vor Augen hat, daß auf der anderen Seite auch die ausschließlich praktische Definition der Wissenschaften im Verhältnis zur Gesellschaft weder ihnen noch diesem Verhältnis abgewonnen wird, sondern allein darin begründet ist, daß mit der fixen und ungebrochen fortbestehenden Gleichsetzung von Theorie und Spekulation selbst die Frage nach einer möglichen theoretischen, in ihnen selbst begründeten Funktion der Wissenschaften gesperrt bleibt. *So lange daher die Auseinandersetzung um die Universität nicht den Bannkreis durchbricht, in dem die Theorie: Philosophie in der Entgegensetzung zur Gesellschaft und die gesellschaftliche Funktion der Wissenschaften praktische Anwendung und Ausbildung in der Entgegensetzung zur Theorie sein sollen, ist kein Fortkommen.* Die Philosophie selbst ist für sich dabei, diese Entgegensetzung als ein Vergangenes hinter sich zurückzulassen, dem die Wirklichkeit sich verschließt. Dafür sind ihr die *Geisteswissenschaften* hilfreich geworden, sofern sie weder der Philosophie noch der gesellschaftlichen Praxis zugeordnet werden können. Es liegt daher nahe, auch in der Auseinandersetzung um das Verhältnis von Universität und Gesellschaft sich an ihnen und an dem zu orientieren, was sie für die Gesellschaft sind und bedeuten.

II

Während die Naturwissenschaften das Schicksal haben, daß man in der Frage nach ihrer gesellschaftlichen Funktion bei ihrer praktischen Anwendbarkeit stehen bleiben kann (gleichgültig, ob man damit der ihnen selber zugehörigen Bestimmung gerecht wird oder nicht), ist dies bei den Geisteswissenschaften nicht möglich. Sie sind die Wissenschaften, die im Horizont der uns überhaupt zugänglichen geschichtlichen Zeit die Geschichte selbst, Sprache, Kunst, Dichtung, Philosophie, die Religionen, aber ebenso auch Dokumentationen persönlichen Lebens in historischer und hermeneutischer Methode zum Gegenstand haben und vergegenwärtigen. Es liegt so zutage, daß sie sich bereits ihrem Gegenstand nach jeder Definition durch praktische Anwendbarkeit und Verwertbarkeit widersetzen. Was sie erkennen und so auch ihr Erkennen selbst sind nicht praktikabel. Das gilt in gleicher Weise für die Bildung, die sie vermitteln. Ihre Lehre ist überhaupt nur sinnvoll zu begründen, wenn die erkennende Teilhabe an dem, was sie je in den bestimmten Bereichen ihrer Disziplinen zugänglich machen, ihren Zweck in sich selbst trägt, obwohl das zumindest für den Bereich der höheren Schule durch die Tendenz, die Bildungsinhalte unter der Herrschaft der verselbständigten pädagogischen Kategorie zum bloßen »Lehrstoff« herabzusetzen, als die elementare Voraussetzung jeder auf nicht praktikable Wissenschaften gegründeten Bildung verschleiert wird.[27]

Die Geisteswissenschaften sind daher in der Bestimmung, daß sie in ihrer praktischen Unanwendbarkeit »nicht notwendige« und daher »freie« Wissenschaften sind, »theoretische Wissenschaften«. *Aber in dieser »theoretischen« Bestimmung können sie nicht als Relikte und Überbleibsel aus der vorindustriellen Welt gelten. Als durch die kritische historische und hermeneutische Methode konstituierte Wissenschaften entstehen sie vielmehr erst später als die Naturwissenschaften. Sie haben wie diese ihren Ort in der industriellen Gesellschaft; sie sind auf ihrem Boden gewachsen.*

Dem entspricht, daß der Begriff der Geisteswissenschaften überhaupt erst im 19. Jahrhundert aufkommt. Er wird wahrscheinlich von *Schiel* in seiner Übersetzung der »Logik« *Mills* (1849) zuerst in der methodischen Absicht eingeführt, die Klasse von Wissenschaften zu bezeichnen, die ihrer Methode wie ihrem Gegenstand nach nicht mit den Naturwissenschaften identisch sind.[28] In den allgemeinen wissenschaftlichen Sprachgebrauch geht der Begriff dann vor allem unter dem Einfluß *Wilhelm Diltheys* ein, der – zunächst ebenfalls in Anlehnung an Mill – die »Wissenschaften vom Menschen, der Gesellschaft und dem Staat« (1875), dann späterhin alle die Wissenschaften Geisteswissenschaften nennt, die die geschichtliche geistige Welt des Menschen, sie auslegend, verstehen, wie sie sich in Werken und Schöpfungen des Menschen: Dichtungen, Kunstwerken, Philosophie, Rechts- wie Lebensordnungen darstellt. Damit faßt Dilthey zusammen, was sich seit der Jahrhundertmitte durchzusetzen begann. So sind für *v. Ranke* Philosophie und Politik, für *Jolly-Whitney* die in historischer Methode arbeitende Sprachwissenschaft, für *v. Helmholtz* bereits 1862 (in der später von Dilthey kritisierten Beziehung auf die Psychologie als »Grundwissenschaft«) die Wissenschaften »Geisteswissenschaften«, die Religion, Staat, Sprache, Kunst, Geschichte zum Gegenstand haben, während sich der Terminus noch nicht in der großen, aus Vorlesungen entstandenen, zuerst 1868 veröffentlichten »Historik« *Droysens* findet. In unserem Jahrhundert hat sich der

Begriff der Geisteswissenschaften dann auch gegen Versuche, ihn durch den der »Kultur- und Geschichtswissenschaften« (*Rickert*) oder der »historisch-ethischen Wissenschaften« (*Troeltsch*) zu ersetzen, endgültig eingebürgert. Diltheys Wort, daß sich der Mensch nur in der Geschichte verstehe, könnte heute wohl als Eingangsspruch an allen Gebäuden und Instituten der Philosophischen Fakultäten in Deutschland stehen. Sie sind (mit wenigen Ausnahmen) nach der Herauslösung der Naturwissenschaften aus ihrem Verbande zu Körperschaften der Geisteswissenschaften geworden.

Die Einführung wie die Durchsetzung eines neuen Wissenschaftsbegriffs sind niemals ein nur Zufälliges und Äußeres. Wie die Naturwissenschaften kommen auch die Geisteswissenschaften erst im Laufe des 19. Jahrhunderts an die Universitäten.[29] Weder die Schöpfer der modernen Philosophie der Universalhistorie in Frankreich: *Voltaire, Turgot, Condorcet noch Herder, Iselin, Möser, die Wegbereiter der* historischen Wissenschaften in Deutschland, waren »Historiker vom Fach«. *Winckelmann,* der als der Begründer der Archäologie und Kunstgeschichte des Altertums gilt, hat niemals einer Universität angehört. Erst Hauslehrer, dann Konrektor, dann Bibliothekar, zuletzt im Dienste des Kardinals *Albani* in Rom, der ihn dazu mit der Aufsicht über seine Altertumssammlung betraute, führte er das unstete Reise- und Wanderleben eines von seiner Passion Getriebenen. *Niebuhr,* der die Qellenkritik zur methodischen Basis der Geschichtsforschung machte und so in deren Emanzipation aus der Autorität der Überlieferung die moderne Geschichtswissenschaft überhaupt erst endgültig durchsetzte, hat nur vorübergehend an der Berliner Universität (in der Zeit eines Zerwürfnisses mit v. Hardenberg) über Römische Geschichte gelesen und erst, nachdem er sich aus dem Staatsdienst zurückgezogen hatte, seit 1823 in Bonn regelmäßig historische Vorlesungen gehalten, ohne der Universität offiziell anzugehören. Während man aber sagen kann, daß die Naturwissenschaften bereits zu sicherem Gange gekommen waren, als sie in die Universität einzogen, haben sich die einzelnen Geisteswissenschaften im 19. Jahrhundert erst nach und nach sowohl methodisch konstituiert wie an den Universitäten durchgesetzt. So hat der Historiker *v. Raumer* in Berlin noch daran festgehalten, neben historischen Vorlesungen auch Staatsrecht, Politik, Statistik und Kameralistik vorzutragen; er kündigte sein Kolleg zur Geschichte des Mittelalters in Anlehnung an die klassische Philologie als »kirchliche und politische Altertümer« an.[30] Das ist für die Situation der erst aufkommenden Geisteswissenschaften damals kennzeichnend. Bereiche der Forschung, die heute selbstverständlich und institutionell fest verankert sind, fehlten überhaupt oder mußten erst durchgesetzt werden. So stellte *J. Kleutgen*, der zu den Wegbereitern der mittelalterlichen Philosophiegeschichte gehörte, ihre Dastellung 1860 unter den Titel: »Die Philosophie der Vorzeit, verteidigt«[31]. In der Festrede zur Jahrhundertfeier der Berliner Universität am 12. Oktober 1910 weist *Max Lenz* nachdrücklich darauf hin, wie »eng gestellt« im Verhältnis zu den Naturwissenschaften in der Zeit ihrer Gründung noch »Wesen und Aufgabe der Philologie« waren: *Friedrich von der Hagen* habe damals vergeblich versucht, eine Professur für die deutsche Altertumskunde zu gewinnen; die Orientalia waren noch »Appendix der theologischen Fakultät«, und *Wolf* habe den »Anspruch der Sprachlehrer für das Englische und Französische und andere romanische Sprachen auf den Professorentitel« als »lächerlich« abgelehnt; er wollte ihnen »kaum den Doktortitel zugestehen«[32]. In Berlin wurde erst 1844 (für *Waagen)*, in Wien erst 1859 (für *v. Eitelsberger*) ein Lehrstuhl der Kunstgeschichte geschaffen. Das erste universitätseigene Museum antiker Kunst wurde in Bonn nach 1820 von *Fr. G. Welcker* eingerichtet, dem dann erst später die Gründung eines archäologischen Lehrstuhls folgte.[33] *So haben sich insgesamt die Geisteswissenschaften erst im Laufe des 19. Jahrhunderts in Deutschland sowohl methodisch konstituiert wie ihr Recht und ihren Ort an den Universitäten erobert.* Diese wenigen, nur herausgegriffenen, zudem kaum zureichend präzisierten Hinweise können deutlich machen, warum den Geisteswissenschaften für die Auseinandersetzung um die der Universität in Forschung und Lehre zufallenden Aufgaben eine besondere und grundsätzliche Bedeutung zukommt. Die Naturwissenschaften gehören zu den elementaren und unabdingbaren Voraussetzungen der industriellen Gesellschaft; ihre praktische, pragmatische Definition hat daher unabhängig von der Frage, ob sie ausreicht, unbestreitbar das Recht für sich, daß sie zum Ausdruck bringt, was sie in einer Bestimmung, von der man keinesfalls absehen kann, für die Gesellschaft sind. Aber dieser Definition lassen sich die Geisteswissenschaften nicht unterwerfen; sie sind im Sinne Humboldts »freie« und von der Sphäre der gesellschaftlichen Praxis abgesonderte Wissenschaften und so »Theorie« und Träger einer auf die Teilhabe an Theorie gestellten Bildung. Was bedeutet es dann aber, daß diese Geisteswissenschaften gleichwohl allererst in der geschichtlichen Epoche entstehen und zu wissenschaftlicher Geltung kommen, in welcher die industrielle Gesellschaft in der Veränderung und Umbildung der alten geschichtlichen Lebensordnungen sich durchsetzt? Man hat gesagt, daß das 19. Jahrhundert nicht nur das Zeitalter der Naturwissenschaften sei, sondern mit gleichem

Recht auch das der Geisteswissenschaften genannt werden könne. Aber das schließt ein, daß die gleiche Gesellschaft, die einerseits die Wissenschaft zur Substanz und Basis ihrer Praxis im fortschreitenden Prozeß ihrer Verwissenschaftlichung macht, andererseits in den Geisteswissenschaften eine Klasse von Wissenschaften hervorbringt, die im Verhältnis zur geschichtlichen und geistigen Welt des Menschen die Aufgabe der »Theorie« übernehmen und so zur Basis einer Bildung werden, die nicht auf die Praxis abzielt und so auch nicht aus ihren Zweckanforderungen begründet werden kann. Wo dies geschieht und sich die Gesellschaft nicht in der Sukzession der Epochen, sondern gleichzeitig Wissenschaften zuordnet, die in ihren Methoden wie von ihrem Gegenstand her sich jedem Versuch widersetzen, ihre Verschiedenheit aufzuheben, und sich zu Wissenschaftsklassen entwickeln, die gegeneinander selbständig sind, ist mehr im Spiel, als im Zusammenhang der Wissenschaften als solcher bestimmt werden kann. Man wird so fragen müssen, was auf dem Boden der industriellen Gesellschaft danach verlangt, daß die geschichtlich geistige Welt des Menschen in der Methode der Geisteswissenschaften und damit in der Form einer theoretischen, nicht in die Praxis umsetzbaren Wissenschaft gegenwärtig gehalten wird, um so konkret zur Bestimmung zu bringen, welche Funktion hier die Wissenschaft in der Bestimmung der Theorie erfüllt.

Dabei schaltet nach allem, was gesagt ist, die Möglichkeit grundsätzlich aus, die Geisteswissenschaften etwa als Inkorporation der spekulativen philosophischen Theorie und ihrer Tradition von Griechenland her zu verstehen. Auch sie sind in dem strengen und genauen Begriff *»moderne«* Wissenschaften, daß sie in ihrer Fragestellung wie in ihrer Methode unabhängig vom Austrag theologischer und methaphysischer Fragen als forschende Wissenschaften keine Begründung zulassen, die nicht durch sie selbst erbracht wird. Wie sie sich in einer fast ein Jahrhundert fortgehenden Auseinandersetzung um ihre methodischen Grundlagen gegen alle Versuche, sie auf die Methode der Naturwissenschaften zu begründen, erfolgreich widersetzten und darin ihre Freiheit gegenüber den Ansprüchen der gesellschaftlichen Praxis wahren konnten, haben sie nicht weniger grundsätzlich ihre Unabhängigkeit und Andersartigkeit gegenüber der Metaphysik behauptet; man kann für Deutschland geradezu sagen, daß sie alle in der Absetzung vor allem von der von Burckhardt »vermessen« genannten spekulativen Philosophie Hegels ihren eigenen Weg gewinnen.

F. Schnabel[34] hat es gelegentlich eine schwer deutbare, »große Paradoxie« genannt, daß in dem gleichen 19. Jahrhundert, in dem mehr als in irgendeinem Zeitalter der uns bekannten Geschichte sonst in langer Zeit Gewordenes und Überkommenes: Sitte, Brauch, Tracht, Gerät, Kunstwerke, ehrwürdige geschichtliche Bauten usf. ohne Bedenken den Bedürfnissen der Gesellschaft geopfert werden, zugleich der »historische Sinn« erwache und sich in den Geisteswissenschaften zu einer Universalität historischen Bewahrens und Vergegenwärtigens entfalte, die ebenfalls ohne Parallele in der Geschichte sei. In dieser »Paradoxie« ist in der Tat wie in einem Zeichen der Grund für die Ausbildung der Geiteswissenschaften auf dem Boden der modernen Gesellschaft enthalten. Doch läßt er sich nicht zum Begriff und an den Tag des Wissens bringen, wenn man nicht vor Augen hat, daß *sich der sich in den Geisteswissenschaften verwirklichende »historische Sinn« grundsätzlich und wesentlich von dem unterscheidet, wie sich Völker sonst in der Kontinuität ihres geschichtlichen Lebens zum Vergangenen verhalten.*

Historie ist bei ihnen immer die den Zusammenhang des eigenen Seins wahrende Mnemosyne, das Erinnern, in dem gegenwärtig bleibt, was zur Gegenwart als ihre eigene Größe und ihr eigenes Geschick gehört. Wo daher kein Band Gegenwart und Vergangenheit verknüpft und ein Vergangenes nichts mit dem Gegenwärtigen gemeinsam hat, wird es zum Gleichgültigen und Toten. Wenn die Götter gestorben sind und der Glaube, der sie ehrte, nichts mehr ist, dann werden auch die Tempel, die ihnen gehörten, aus einem denkwürdigen Schönen zu bloßem Gestein und Gemäuer. Eine andere geschichtliche Welt vermag sie nur als das Ding zu nehmen, dem kein Geist mehr einwohnt. Durch die Jahrhunderte hin sind so in Kleinasien wie in Europa die Säulen der griechischen und römischen Tempel, Bildwerke, Grabmäler in die Kalköfen gewandert, als Füllmaterial für Stadtmauern verwendet oder als Baustücke verbaut worden. In den verlassenen Felskirchen und Klöstern von Ürgüp und Göreme hat die islamische Bevölkerung auf den in der trockenen Luft unverändert erhaltenen Fresken die Gesichter der Engel, Heiligen, Propheten ausgelöscht.[35] Was aber dem modernen historischen Sinn als barbarische Zerstörung erscheint, hat in Wahrheit das Recht und die Legitimität der fortgehenden Geschichte für sich. Der Glaube, dem jedes Abbild des Göttlichen ein Frevel ist, befreit das auch ihm Ehrwürdige von der Schmach des Sakrilegischen; er stellt es zu einer ihm zumutbaren Gegenwart wieder her. Noch im 18. Jahrhundert hat man ohne Sinn für das »Historische« romanische und gotische Kirchen umgebaut; dies hat den realen geschichtlichen Sinn, sie in das lebendig Gegenwärtige umzuformen. Dazu gehört, daß alles, was an sich vergangen ist und nicht der gegenwärtigen Welt zugehört, auch keinen Anspruch auf historische Bewahrung hat. Sein Nichts-

Sein ist legitim und der an die Kontinuität des erinnernden Daseins gebundenen Geschichte angemessen.
Demgegenüber läßt sich der moderne »historische Sinn«, wie er zunächst der historischen Wissenschaft, dann aber auch den anderen Geisteswissenschaften zugrunde liegt, sofern sie je ihren Gegenstand, die Dichtung oder die Kunst, im Horizont seiner Geschichte und als Geschichtliches auffassen, gerade dadurch kennzeichnen, daß er aus solcher unmittelbar zum geschichtlichen Dasein gehörigen Einheit von Geschichte und Historie herausgetreten ist. Er bildet im Verhältnis zu ihr schlechthin die so nur im Zusammenhang der modernen Gesellschaft und Zivilisation gegebene Ausnahme, weil er erstens in einem System von Wissenschaften zur Verwirklichung kommt, die genau wie die Naturwissenschaften durch die methodische Verselbständigung gegenüber der Vorgegebenheit ihrer Gegenstandsbereiche definiert sind, und weil zweitens diese Wissenschaften ihrerseits in einer durch keine Maßstäbe und Wertsetzungen der Gegenwart begrenzten Öffnung des Zeithorizontes zum Organ einer wissenschaftlichen Erschließung, Vergegenwärtigung und Bewahrung werden, die gegen die Unterschiede des Eigenen und Fremden indifferent und unabhängig von vorgegebenen Normen grundsätzlich universal sind. Doch wird man, was hier geschieht, in seinem Grunde und in seiner Positivität nicht verstehen, so lange man an der Feststellung genug hat, daß im Zeitalter der industriellen Gesellschaft neben den Naturwissenschaften aus nicht weiter zu erhellenden, in der Tiefe des Gemüts und des Geistes verborgenen Gründen auch der historische Sinn aufkomme. Der wirkliche Vorgang wird erst faßbar, wenn man davon ausgeht, daß die *Ausbildung der Wissenschaften von der Geschichte und der geschichtlichen, geistigen Welt des Menschen zu dem*

realen Prozeß gehört, in dem sich die moderne Gesellschaft in Europa, jetzt überall auf der Erde in der Emanzipation aus den ihr vorgegebenen geschichtlichen Herkunftswelten konstituiert. Sie bringt überall und notwendig, wo sie im Prozeß der Modernisierung zur Welt des Menschen wird, in einer Umwälzung, die das innere wie äußere Sein des Menschen ergreift, geschichtlich Gewordenes, in langer Zeit stabile und für »ewig« genommene rechtliche, ethische, religiös sanktionierte Ordnungen und Gliederungen des öffentlichen wie des häuslichen Lebens in Fluß; sie setzt sic außer sich.

Das hat *Hegel* zuerst in der Strenge spekulativer Theorie zum Begriff gebracht und als die für die bürgerliche Gesellschaft konstitutive *»Entzweiung«* bestimmt. Im Anschluß an die damals neue politische Ökonomie, vor allem an *Adam Smith*, der von ihm der »Kepler« der die bürgerliche Gesellschaft regierenden Bewegungsgesetze genannt wird[36], sieht er in allen Konsequenzen, die dies hat, daß sich die bürgerliche industrielle Gesellschaft einzig auf das durch Bedürfnis und Arbeit vermittelte Naturverhältnis des Menschen gründet.[37] In ihrer Beschränkung auf das »System der Bedürfnisse« ist sie so als Gesellschaft von allen Herrschaftsformen und Reichen der bisherigen Geschichte verschieden, sofern sie ausschließlich die nutzende und verfügende Herrschaft des Menschen über die Natur zum Inhalt hat. Darauf beruht für Hegel die »Abstraktheit«, in der sie zur »Macht der Entzweiung und Differenz«[38] wird, als diese in die geschichtliche Welt einbricht und sich in der Diskontinuität zu ihr und damit zur Herkunftsgeschichte überhaupt konstituiert. Aber Hegel hat ebenso begriffen, daß diese »Abstraktheit« auch die Voraussetzung ihrer weltgeschichtlichen Größe ist. Die Beschränkung auf die in ihrer

Herauslösung aus allen sie sonst umgreifenden geschichtlichen und sittlichen Zusammenhängen ebenfalls »abstrakte« »Bedürfnisnatur« des Menschen hat zur Folge, daß *mit der modernen Gesellschaft überhaupt zum ersten Male in der Geschichte der Mensch als Mensch zum Subjekt von Staat und Recht werden kann.* Das wird in dem berühmten § 209 der »Grundlinien der Philosophie des Rechts« ausgesprochen: Mit der bürgerlichen Gesellschaft gehöre es »der Bildung, dem Denken als Bewußtsein des Einzelnen in der Form der Allgemeinheit an, daß Ich als allgemeine Person aufgefaßt werde, worin alle identisch sind. Der Mensch gilt so, weil er Mensch ist, nicht weil er Jude, Katholik, Protestant, Deutscher, Italiener usf. ist«[39]. So hat die moderne Gesellschaft zufolge ihrer »Abstraktheit« und weil sie die Macht der Entzweiung ist, für Hegel die ungeheure weltgeschichtliche Bedeutung, daß sie die Gleichheit der Menschen als Menschen heraufführt; sie wird so auch ferne Erdteile und Völker in ihren Zusammenhang einbeziehen.[40] Er hat damals zuerst in Deutschland begriffen, daß sie die potentielle Menschheitsgesellschaft ist.

Aber die Voraussetzung dafür, daß mit ihr die Gleichheit der Menschen als Menschen zu realer weltlicher Existenz zu kommen vermag, bleibt die »Entzweiung«, in der die moderne Gesellschaft das mit ihr und ihrem abstrakten Naturverhältnis nicht identifizierbare geschichtliche Sein von sich abtrennt. In der Bewegung, in welcher mit der Ausbreitung ihrer Zivilisation über die Erde überall die gleichen Städte, die gleichen Formen des Arbeitens und Lebens, der Kommunikation, der Bildung entstehen, wird *die reale Geschichtslosigkeit der Gesellschaft* sichtbar; sie kann den Menschen als Menschen nur zum Subjekt des Rechts und des Staates machen und ihm gesellschaftlich Existenz geben, indem sie ihn aus seinem in Geschichte und Herkunft geborgenen Sein herauslöst. Sie bringt ihn real in ein Dasein, das sich zu diesem diskontinuierlich verhält. Sie legt ihm so die schwere Aufgabe auf, sein in den sittlichen, religiösen und geistigen Zusammenhängen der je eigenen geschichtlichen Herkunftswelt gegründetes persönliches Sein mit seiner durch die Gesellschaft und ihre überall homogene und geschichtslose Zivilisation gesetzten Existenz zusammenzuhalten.

In dieser für die moderne Gesellschaft konstitutiven und unaufhebbaren Abstraktheit und Geschichtslosigkeit ist die Zugehörigkeit der Geisteswissenschaften zu ihr begründet. *Sie werden auf ihrem Boden ausgebildet, weil die Gesellschaft notwendig eines Organs bedarf, das ihre Geschichtslosigkeit kompensiert*[41] *und für sie die geschichtliche und geistige Welt des Menschen offen und gegenwärtig hält, die sie außer sich setzen muß.* Während sonst die geschichtliche Mnemosyne in der realen Kontinuität des geschichtlichen Lebens das je die Gegenwart selbst repräsentierende Vergangene und nur dies erinnert, *übernehmen es die Geisteswissenschaften, das zu vergegenwärtigen, was ohne sie und da, wo der reale Prozeß der Entgeschichtlichung sich selbst ohne die Möglichkeit der Korrektur überlassen bliebe, notwendigerweise für die Gesellschaft mehr und mehr bedeutungslos werden und schließlich überhaupt aus dem Zusammenhang ihrer Welt verschwinden müßte.* Die reale Möglichkeit solchen Verschwindens und Vergehens wird immer da akut, wo die Gesellschaft zum einzigen Sein des Menschen gesetzt und damit die für sie konstitutive Entzweiung zur Macht der Eliminierung des von der Gesellschaft getrennten geschichtlichen und geistigen Seins radikalisiert wird. *Littré*, als Schüler Comtes nach dem Verhältnis von Metaphysik und

Wissenschaft befragt, hat geantwortet, daß über dies Verhältnis die Geschichte bereits entschieden habe; die Metaphysik sei durch sie mit der Stabilisierung der positiven Wissenschaften schon jetzt zu einem nur noch Vergangenen herabgesetzt. In der gleichen Zeit aber kommt die auf die historische Methode gegründete Philosophiegeschichte auf. Sie übernimmt es, für die Gesellschaft wie in einer Gegenbewegung das, was für sie zu einem »nur noch Historischen« wird, als solches Historisches zu vergegenwärtigen; sie holt es in den Zusammenhang der Gesellschaft zurück. Das hat im Ergebnis dazu geführt, daß die Philosophie nicht nur aus der gegenwärtigen Welt *nicht* verschwunden ist, sondern daß sie im ganzen geschichtlichen Reichtum ihres Gedankens, jetzt als Element der Bildung, allen erreichbar und in einer Universalität zugänglich geworden ist, die kein Zeitalter vorher gekannt hat. Darin zeigt sich die allgemeine Funktion, die die Geisteswissenschaften im Verhältnis zu der abstrakten Wirklichkeit der Gesellschaft – Organ ihrer geistigen Kompensation – übernehmen. Was der menschliche Geist im Gange seiner Geschichte gebildet und geschaffen hat, rufen sie als die Summe der Erfahrungen, die der Mensch mit sich und der Welt gemacht hat, für die Gesellschaft in ihre Zeit zurück, dem realen Prozeß entgegen, in dem diese Gesellschaft, um den Menschen zum Menschsein zu befreien, als die Macht der Entzweiung in die geschichtliche Welt einbricht, sie umwälzt und von sich abtrennt. *So kann man sagen, daß die Gesellschaft selbst die Geisteswissenschaft als das Organ hervorbringt, das ihre Abstraktheit und Geschichtslosigkeit ausgleichen kann.* Dem entspricht die dialektische Einheit realen Entfernens und geistigen Einholens. Sie wird für die Geisteswissenschaft konstitutiv. Das wird unmittelbar an dem nur scheinbar abseitigen Vorgang der »Modernisierung« in seiner typischen Verlaufsform deutlich. Wo er einsetzt, ist immer die *reale* Bewegung das Erste, in der das alte geschichtliche Gut: Trachten, Einrichtungen, Gerät aus den Häusern und Orten des Wohnens und Lebens, verdrängt wird. Aber dazu gehört, daß das so aus der gegenwärtigen Wirklichkeit Entfernte gleichsam sein Sein verändert; es wird »das Historische« und zieht – als dieses sein reales Nichtsein hinter sich lassend – nunmehr der Bewahrung würdig in die Museen ein, die für es geschaffen werden.[42] In solchem Umschlagen ist das allgemeine Verhältnis zur Gesellschaft impliziert, das in den Geisteswissenschaften zunächst unmittelbar für den Bereich vorausgesetzt ist, in dem sie es übernehmen, das Vergangene wie das vom Vergehen Bedrohte aufzusuchen, einzubringen, zu erschließen, zu schützen und zu erhalten, es in Sammlungen und Editionen zugänglich zu machen. Aber die gleiche Bewegungsform bestimmt sie auch sonst. Alles, was die Geisteswissenschaften in ihren historischen und hermeneutischen Methoden zum Gegenstand haben, Dichtung wie Kunstwerk, Vergangenes und Gegenwärtiges, ist immer dann, wenn es *unvermittelt* in Beziehung zur Gesellschaft tritt, dem Druck einer Bestimmung ausgesetzt, die es dem eigenen Wesen zu entfremden droht. Dem wirken die Geisteswissenschaften entgegen; sie haben, ohne daß sie hierin überhaupt ersetzt werden können, die unendlich wichtige Aufgabe, die Schöpfungen und Objektivationen des menschlichen Geistes immer aus ihnen selbst und in ihrem je eigenen Zusammenhang zu »verstehen« und zu begreifen, um sie so als sie selbst in die Gegenwart einzubringen:

Von der Praxis getrennt und in die Freiheit reinen Erkennens gestellt, geben sie so dem Menschen die Möglichkeit eines Wissens von seinem nicht mit der Gesellschaft identischen

Sein, das ohne sie ins Ferne gerückt oder seiner durch die Gesellschaft gesetzten Bestimmung geopfert würde.

III

An den Geisteswissenschaften wird beispielhaft das Allgemeine deutlich. In der Gleichsetzung der gesellschaftlichen Funktion der Wissenschaft mit dem, was sie als Basis und Substanz der gesellschaftlichen Praxis ist, wird die wirkliche Situation nicht weniger vereinfacht als mit der Vorstellung, die Geisteswissenschaften seien in ihrer Beziehungslosigkeit zu den notwenigen Anforderungen der Gesellschaft das zusätzliche Geistige, das, dem Nutzlosen zugewendet, sich wie der Feiertag zum Werktag des Lebens verhält. Diese Bestimmung ist nicht die ihre. Die Meinung, die sie so zu begründen sucht, bleibt gegen den elementaren Bestand verschlossen, daß die Gesellschaft, wenn sie nicht das menschliche Sein auf ihre abstrakte Wirklichkeit einschränken und es mit dieser gleichsetzen soll, der Geisteswissenschaften als des Organs bedarf, das für sie gegenwärtig hält, was sie außer sich haben muß. Sie können daher ihrer gesellschaftlichen Aufgabe überhaupt nur in der Distanz zur Praxis und in der Abschirmung gegenüber allen Versuchen gerecht werden, sie für ihre Zwecke in Anspruch zu nehmen. Sieht man aber auf das, was sie als »Theorie« unmittelbar für die Gesellschaft und nicht in einem ausgesonderten esoterischen Raume des Geistes leisten, so wird deutlich, daß hier Bestimmungen im Spiele sind, die wesentlich und grundsätzlich von dem abweichen, wie Aristoteles das Verhältnis von Theorie und Praxis begründet hatte. *Der Gedanke drängt sich unabweisbar auf, daß die Geisteswissenschaft in der Eigentümlichkeit ihrer Aufgabe an einer allgemeinen*

Veränderung im Verhältnis von Wissenschaft und Praxis teilnehmen und sie voraussetzen, die im gleichen Sinne für die ihr auch geschichtlich vorausgehenden Naturwissenschaften konstitutiv ist.

Der Begriff der philosophischen Theorie konnte so lange beanspruchen, mit der Philosophie auch die theoretischen Wissenschaften zu begründen und zu legitimieren, als das natürliche geschichtliche Dasein des Menschen in allen seinen Zusammenhängen und damit auch Praxis und theoretische Wissenschaft von der Einheit einer dem Menschen in den ihm von Natur gegebenen Möglichkeiten des Wahrnehmens und Erfahrens zugänglichen Weltnatur umgriffen war. Davon ging die aristotelische Begründung der philosophischen Theorie aus. Was die Dinge in ihren Gründen und Ursachen sind, ist je das schon in der praktischen Einsicht der Handwerke und Künste Gewußte. Die »theoretischen« Wissenschaften treten daher für Aristoteles allein in der Bestimmung zu ihnen hinzu, das in den Künsten vor ihnen bereits Begriffene als »es selbst« und »an sich« zum Gegenstand zu machen und es so aus seiner Einziehung in die von der Notwendigkeit und den Bedürfnissen des Lebens gesetzten Zwecke zu lösen. Daher konnte Aristoteles von *einem* die praktischen und theoretischen Wissenschaften umgreifenden und aus den gleichen Elementen des Auffassens gebildeten Wissenschaftsbegriff ausgehen. Das Seiende, das die praktischen Künste – es nutzend – vor Augen haben, ist das gleiche Seiende, das die theoretische Wissenschaft als es selbst begreift.

Aber dieses Verhältnis von Theorie und Praxis wandelt sich auf dem Boden der Gesellschaft in seinem Grunde. Ihre Praxis beruht geschichtlich und sachlich – zuerst in der Nutzung der Natur – äußerlich darauf, daß an die Stelle des in den Künsten erworbenen und überlieferten Wissens die Naturwissenschaft tritt; sie wird zu ihrer Basis. Damit aber vollzieht sich die alles bestimmende Umwälzung. Sie besteht darin, daß die Praxis und damit die Gesellschaft als solche zu einer Natur in Beziehung tritt, die allein in der Vermittlung der Wissenschaft zugänglich ist und prinzipiell dem unmittelbaren, nicht in ihre Methoden eingeformten Wahrnehmen und Erfahren des Menschen verschlossen bleibt. Die Natur, die die Naturwissenschaft erschließt und die zum Objekt der gesellschaftlichen Praxis wird, ist als »Natur nach Begriffen« ohne Kontinuität zu der »Natur, wie man sie sieht« (Kant). Die »ptolemäische« Welt, in welcher der Mensch in seinem Dasein unter dem sich über der Erde wölbenden Himmel wohnt, bleibt – wie die Sonne des Hirten von der Sonne des Astronomen – notwendig von der Natur der Gesellschaft und ihrer Praxis getrennt, die doch zugleich die Wirklichkeit seines Lebens wird.

Das ist, im Verhältnis zur Natur bestimmt, die gleiche Entzweiung, in der sich die Gesellschaft aus der ihr vorgegebenen geschichtlichen Herkunftswelt löst. Doch genügt es, auf sie nur hinzuweisen, um deutlich zu machen, warum sich das mit der modernen Gesellschaft gesetzte Verhältnis von Wissenschaft und Praxis nicht mehr aus den gleichen Voraussetzungen begründen läßt, von denen Aristoteles ausgehen konnte. Wo die Praxis »verwissenschaftlicht« wird, schließt dies ein, daß die Wissenschaft, ihr vorausgehend, die Wirklichkeit allererst erschließen und geben muß, die dann die Praxis zum Objekt ihrer Nutzung machen kann. Sie folgt so der Wissenschaft nach; sie kann ohne die Fundierung durch ihre ihr als Praxis vorausgehende Erkenntnis nicht bestehen.

Damit hat sich mit der modernen Gesellschaft das im klassischen Theoriebegriff vorausgesetzte Verhältnis von

Praxis und Wissenschaft umgekehrt. Nicht die Praxis gibt in der Einheit mit der Erfahrung des Daseins der theoretischen Wissenschaft den Welthorizont vor, sondern die Erschließung einer Wirklichkeit, die der unmittelbaren Erfahrung des Daseins überhaupt unzugänglich ist, durch die Wissenschaft ist die Bedingung dafür, daß die moderne gesellschaftliche Praxis allererst möglich wird. Das Verhältnis, in dem sie so zueinander stehen, läßt sich daher nur sehr unbestimmt durch Anwendung definieren. Entscheidend ist vielmehr, daß sich hier die Wissenschaft zur Praxis als eine Theorie verhält, die ihr, sie konstituierend, vorausgeht; sie wird so als freie, nicht in die Praxis eingelassene, sondern von ihr unabhängige Erkenntnis zu ihrer Basis. Aber diese Theorie hat zugleich die Schönheit und Göttlichkeit der klassischen Philosophie von sich getan, doch nicht, weil das Göttliche ihr nichts mehr ist, sondern weil sie ihren Ort gewechselt hat. *Sie ist für die Gesellschaft an die Stelle der natürlichen und geschichtlichen Wahrnehmung und Erfahrung getreten.* Sie hat da, wo die Gesellschaft zur Welt des Menschen wird, die elementare Funktion übernommen, die Wirklichkeit für sie erkennend zugänglich zu machen und offen zu halten, damit diese Wirklichkeit überhaupt die der Gesellschaft zu sein vermag. Während die Geisteswissenschaften als Theorie die auf die Gesellschaft und ihre Natur nicht abbildbare oder reduzierbare geschichtlich-geistige Welt des Menschen in ihrer Zugehörigkeit zur Gesellschaft einholen, gibt die Naturwissenschaft der Praxis die Naturwirklichkeit vor, die als ihr Objekt die Welt der Gesellschaft wird. In der Verschiedenheit der ihnen zufallenden Aufgabe haben so die beiden Wissenschaften für die Gesellschaft die gleiche Bedeutung. In der Begründung der gesellschaftlichen Praxis wie in der Kompensation ihrer Abstraktheit erfahren sie die Wirklichkeit, die als diese die Welt der Gesellschaft ist.

Humboldts Idee der Universität wurde in ihrem Grund von der Erwartung getragen, daß der in »Freiheit und Einsamkeit« gegen die Gesellschaft abgeschirmten Wissenschaft und der auf sie gegründeten Bildung die Kraft des Geistes einwohne, die jetzt von der Auszehrung bedrohten geistigen, sittlichen Substanzen des Menschseins nicht nur begreifend gegenwärtig zu halten, sondern sie auch in der Realität zu retten. Damit werden nicht nur die Wissenschaften, sondern der Geist selbst überfordert. Wo die Gesellschaft als die Macht der Differenz das geschichtliche und gesellschaftliche Sein des Menschen entzweit, haben allein der Staat und das Recht als Gesetz die Gewalt, das voneinander Getrennte zusammenzuhalten und *dem* Sein die äußere Wirklichkeit zu verbürgen, das das Gemüt in Einsichten und Gesinnungen als das »Seine« weiß.

Aber die Universität, die Humboldt geschaffen hat, ist im notwendigen Gang der Dinge längst zu dem Ort geworden, an dem in Lehre und Forschung die Wissenschaften als Theorie ihr Recht haben, die die Bedingung und Voraussetzung der modernen Gesellschaft sind. In der sachlichen Bestimmung, die diese so der Universität geben und setzen, ist zu konkreter Erfüllung gekommen, was Hoffnung und Wunsch – das überfliegend, was in der Wirklichkeit möglich ist – geplant und entworfen haben.

Darin liegt die Größe wie die Gefährdung der Universität. Sie wird nicht nur von den Zweckanforderungen der Praxis, sondern ebensosehr von dem Anspruch der Ideologien und Weltanschauungen bedrängt. Zumal die Geisteswissenschaften sollen als ein der Praxis nicht zugeordnetes Erkennen von ihnen politisch und geistig begründet und zu »höherer Bestimmung« gebracht werden. Aber alles dies steht im Widerspruch zu dem, was die Wissenschaften auf dem Boden der Gesellschaft und für sie sind und sein können: Organ des Erfahrens und Vergegenwärtigens in einer Welt, die zum ersten Male in der Geschichte auch in dem elementaren Bereich auf Wissenschaft verwiesen ist, in dem andere Zeiten aus dem in Dasein und Praxis erworbenen Wissen in einer Wirklichkeit leben konnten, die in Leben, Praxis und Theorie in gleicher Weise gegenwärtig ist. Wie die für die Gesellschaft konstitutive Herrschaft über die Natur nicht ohne die erfahrende Theorie der Naturwissenschaft möglich ist, so fordert auf der anderen Seite die mit ihr gesetzte Abstraktheit die Geisteswissenschaften, die dem Menschen in seinem gesellschaftlichen Sein die substantiellen Zusammenhänge des Menschseins vergegenwärtigen, die die Gesellschaft ihm nicht zu geben vermag. Darin liegt die gegenwärtige Bestimmung der Universität. Sie unterscheidet sich von allem, was Universitäten und auf theoretische Wissenschaft gestellte Bildungsinstitutionen in der vormodernen Welt gewesen sind. In der von den Spannungen der politischen Interessen und den weltanschaulichen und ideologischen Gegensätzen bewegten Gegenwart ist sie – »letzte Freistätte der Wissenschaft« (Humboldt) – für sie die Institution geworden, die allein der Theorie und der Bildung den Ort gibt, die in der Teilhabe an ihr ihr Wesen hat. In dieser Bestimmung ist sie durch keine andere Schule, Fachschule, Bildungsinstitution in der Funktion zu ersetzen, die sie für die Gesellschaft übernommen hat.

Daran wird sich auch die Auseinandersetzung mit den Problemen und Schwierigkeiten halten müssen, die die Universität gegenwärtig in ihrem Bestande gefährden. Ihre Lösung und Meisterung setzen notwendig voraus, daß die elementare sachliche und nüchterne Funktion die Basis der Universität bleibt, die beide Klassen der Wissenschaften gemeinsam für die Gesellschaft erfüllen, damit sie die Welt des Menschen als Menschen bleiben kann. *(1963)*

6. Landschaft

Zur Funktion des Ästhetischen in der modernen Gesellschaft

Für Edith
11. Juni 1963

I

Am 26. April 1335 bricht *Petrarca*, nur von seinem Bruder begleitet, auf, um den Mont Ventoux zu besteigen, den er seit seiner Kindheit in Avignon und Carpentras immer wieder vor Augen gehabt hatte[1]. Mit dieser Bergbesteigung gehört Petrarca zu den Italienern, die (wie *Jakob Burckhardt* sagt) zuerst in einem vom »Forschen und Wissen« unterschiedenen »besonderen Sinn« der Natur nahetraten und als die »frühesten unter den Modernen ... die Gestalt der Landschaft als etwas mehr oder weniger Schönes wahrgenommen und genossen haben«[2]. Der Bericht, den Petrarca unmittelbar nach dem Abstieg in »bäuerlicher Herberge« schrieb, zeigt zugleich, daß es für ihn selbst ein neues, bis dahin nicht erprobtes und am Ende undeutbares Unternehmen war, einen Berg zu besteigen – »einzig getrieben von der Begierde, die ungewöhnliche Höhe eines Ortes in unmittelbarer Anschauung kennenzulernen«[3]. Tags zuvor hatte Petrarca bei *Livius* vom Mazedonierkönig Philipp gelesen, der den thessalischen Haimon bestieg, weil er dem »Berichte Glauben schenkte«, man könne von seinem Gipfel zwei Meere zugleich, das Adriatische und das Schwarze, erblicken[4]. Das gibt Petrarca allererst den Entschluß frei, den bereits lange unbestimmt gehegten Plan[5] auszuführen: »Was bei einem greisen Könige nicht getadelt« werde, könne man einem »Jüngling ohne Teilnahme am öffentlichen Leben« wohl nachsehen[6].

Dann nach dem Aufbruch wird ihm das Ungewöhnliche und Neue seines Unternehmens noch einmal bewußt: er sieht, daß es auch dem ländlich an den Hängen des Berges wohnenden Volke durchaus fremd und unheimlich ist: »Einen sehr alten Hirten trafen wir, der sich mit vielen Worten bemühte, uns von der Besteigung abzubringen. Er selber habe zwar vor fünfzig Jahren im Ansturme jugendlichen Feuers ebenfalls den Berg bis zu seinem Gipfel erstiegen; doch habe er damals nichts als Reue, Erschöpfung und einen zerrissenen Leib und Rock heimgebracht. Man habe denn auch weder vor noch nach jener Zeit wieder davon gehört, daß irgend jemand Ähnliches gewagt habe«[7].

Als Petrarca später nach vergeblichen Versuchen, einen leichteren Aufstieg zu finden, erschöpft wie entmutigt ausruht, sucht er im »Aufflug des Gedankens vom Körperlichen zum Unkörperlichen« das Unternommene durch den Vergleich mit der Erhebung zum seligen Leben zu deuten und zu rechtfertigen, das auch »auf einer Höhe liegt, zu welcher, wie es heißt, der Welt steil hinaufführt«. Da die »Bewegungen des Geistes im Unsichtbaren und Verborgenen wie die Bewegungen des Körpers sind, die offen zu Tage liegen«, könne man den Mont Ventoux mit dem Gipfel vergleichen, der »das Ziel aller und des Weges Ende« sei, dem »unsere Pilgerfahrt zugeordnet ist«. Was er so »heute bei der Besteigung dieses Berges erleide, widerfahre ihm selber und vielen in gleicher Weise auch in der Erhebung zum seligen Leben«[8].

Doch dann zeigt sich, daß die Zuwendung zur Natur als Landschaft, die Petrarca in großem Aufbruch erprobt, sich einer Deutung im Sinne der Petrarca in der Vermittlung durch *Augustinus* vertrauten philosophischen und theologischen Erhebung zur Anschauung des Ganzen widersetzt. Sie führt aus ihrem Zusammenhang heraus.

Als Petrarca schließlich auf dem Gipfel steht und – vom ungewohnten Hauch der Luft und vom freien Rundblick betroffen – einem »Betäubten« gleicht[9] und sich jetzt im Angesicht der Natur ringsum, wiederum im Sinne Augustins, dem eigenen Sein und Leben, die »Bekenntnisse«, die er stets bei sich hatte, beliebig aufschlagend[10], zuwendet, kommt es zur Wende. Er liest: »Die Menschen gehen hin und sehen staunend die Gipfel der Berge und die Fluten des Meeres ohne Grenzen, die weit dahin fließenden Ströme, den Saum des Ozeans und die Kreisbahnen der Gestirne, aber sie haben so nicht acht ihrer selbst«[11].

Petrarca ist wie geschlagen. Ihm geht auf, daß die Besteigung des Berges, die er doch unternommen hatte, um sich im genießenden Anblick der großen Natur ringsum liebend Gott zu vergegenwärtigen, von Augustinus als »Vergessen des Selbst« verworfen wird. Er bittet seinen Bruder, der »weiter zu hören begierig ist«, ihm »nicht lästig zu fallen«. Er schließt das Buch, nun im Zorn über sich selber, weil er noch »Irdisches bewundere«. Selbst die »Philosophen der Heiden hätten ihn lehren können, daß nichts außer der Seele der Bewunderung würdig« sei[12]. So vermag Petrarca das im Aufschwung der Seele Begonnene und Erfahrene nicht zu halten. Er hat jetzt, wie er berichtet, »genug von dem Berge gesehen« und wendet absteigend das »innere Auge« allein noch dem eigenen Inneren zu. Der Mont Ventoux, der ihn so mächtig in seinen Bann gezogen hatte, verliert allen Glanz. Er wirkt jetzt auf den Zurückblickenden wie eine »Höhe, die kaum eine Elle im Vergleich zu der Höhe hat, welche die Betrachtung des Menschen zu erreichen vermag«[13].

Die ungemeine und allgemeine Bedeutung, die diesem Bericht Petrarcas zukommt, liegt in der Reflexion auf die

Motive seiner Bergbesteigung. In ihr wird der geistige Zusammenhang faßbar, aus dem einerseits geschichtlich die Zuwendung zur Natur als Landschaft hervorgeht und aus dem sie zugleich – in einer Wende, die diesem fremd bleibt – hinausführt. Alle Begriffe und Vorstellungen, mit denen Petrarca sein Unternehmen zu deuten und sich begreiflich zu machen sucht: Aufstieg der Seele vom Körperlichen zum Unkörperlichen in der Zuwendung des Selbst zu Gott, freie Betrachtung der Natur als innerliche Bewegung der Seele, die auf das »selige Leben« gerichtet ist, gehören – in das Neuplatonische und Christliche umgesetzt – in die Tradition der von Anbeginn mit der Philosophie identischen θεωρία τοῦ κόσμου[14]. Die Zuwendung zur Natur als Landschaft setzt sie geschichtlich und sachlich voraus. »Kosmos« ist »Weltordnung«. Wenn für »Kosmos« wie bei den frühen und ersten Philosophen und dann bei *Aristoteles* und in seiner Nachfolge in der spätantiken hellenistischen Philosophie als der ursprünglichere Begriff »φύσις«. »Natur« steht, ist immer – als Gegenstand der Theorie – die »ganze Natur« gemeint, die allem von Natur Seienden zugrunde liegt und in ihm gegenwärtig ist[15]. Daher hat philosophisch die Betrachtung (θεωρία) der Natur die Bedeutung, daß sich in ihr der Geist dem alles umgreifenden »Ganzen« und »Göttlichen« zuwendet. Nur so ist verständlich, warum Aristoteles die ionischen Naturphilosophen »Physiologen« und zugleich »Theologen« nennt: Als diejenigen, die »von der Natur reden«, sind sie auch diejenigen, die »sich um das Göttliche sammeln«. θεωρία bedeutet anschauende Betrachtung. Aber das Wort meint mehr als ein beliebiges und unbestimmtes Betrachten von etwas. »Theorie« gehört in die Sphäre des Festes und des festlichen Spieles zu Ehren der Götter und meint so genau: Anschauen, das dem Gotte zugewendet ist und so an ihm Teil gibt. In diesem Sinne hat Aristoteles den Begriff der Theorie aufgenommen und auf die Philosophie übertragen; Philosophie ist »theoretische« Wissenschaft; sie kann so ihrerseits »theologisch« genannt werden[16].

Später wird diese Übertragung wie so vieles dem *Pythagoras* zugeschrieben; er soll, befragt, was Philosophie sei, dies geantwortet haben: es würden alle Menschen von Natur in die Weltordnung als in ein Fest des Gottes hineingeboren; während aber die Einen bei diesem Feste sind, um sich zu vergnügen und anderen Waren feilbietend, Geschäfte machen, seien die Philosophen diejenigen, die sich anschauend der Weltordnung zuwenden und so in ihrer »Theorie« den Sinn des göttlichen Festes erfüllten[17]. Diese Festbedeutung der Theorie bleibt dann über Jahrhunderte hin bewußt. *Philon,* der Alexandriner, sagt, daß für die »Jünger der Weisheit« fern vom Getriebe des Marktes der »ganze Kreislauf des Jahres ein einziges Fest« bilde[18]. Wer der Betrachtung lebt (so heißt es bei *Bernhard von Clairvaux),* wird »nicht irgendwo, sondern im Tempel« angetroffen[19]. Für Augustinus wie für die Platoniker ist das Schöne aller Dinge und der »ganzen Weltzeit« die »Stimme«, mit welcher alles, was ist, »Gott bekennt und preist«. Daher folgt der Mensch, der sich betrachtend der Welt und ganzen Natur zuwendet, dem Ruf dieser Stimme. Er wiederholt in seiner Theorie den Preis, in dem das Seiende Gott bekennt[20].

Mit dem Begriff der Theorie wird so zugleich die Philosophie gegen die Sphäre des praktischen Handelns abgegrenzt. Während »Wissenschaft« (ἐπιστήμη) sonst und ehe sie zur »theoretischen Wissenschaft« als Philosophie wird, zu den »Künsten« (τέχναι) als das sie tragende Wissen gehört und so im Dienste der Bedürfnisbefriedigung und der »Notwendigkeit« steht, ist Philosophie als theoretische Wissenschaft »freie« Erkenntnis; mit ihr geht der Mensch aus dem Bereich der Praxis und ihrer Zwecke heraus; er »überschreitet«, »transzendiert« ihn, um sich zur Anschauung des Ganzen zu erheben[21]. Augustinus hat dieses »Hinausgehen« im neuplatonischen Sinn der Erhebung zur Unsichtbarkeit Gottes dann auch als Wende vom »uti«, der gebrauchenden Nutzung, zum »frui« als der genießenden Betrachtung bestimmt[22].

So sind die Begriffe, mit denen Petrarca das von ihm Begonnene zu deuten sucht, Begriffe der »Theorie« im Sinne der von Griechenland herkommenden Philosophie: er geht aus seinem gewohnten Dasein heraus; er »transzendiert« es. Er ersteigt, alle praktischen Zwecke hinter sich lassend, den Berg, um auf dem Gipfel, getrieben allein von dem Verlangen zu schauen[23], in freier Betrachtung und Theorie an der ganzen Natur und an Gott teilzuhaben. Er besteigt den Berg frei »um seiner selbst willen und um den Blick von seinem Gipfel zu genießen«[24]. Er begründet dies aus dem geistigen Zusammenhang der »Theorie«. Das hat allgemeine Bedeutung. Für das ästhetische Verhältnis zur Natur als Landschaft bleiben dann die von Petrarca aufgenommenen Bestimmungen der philosophischen Theorie-Tradition konstitutiv. Das gibt der Ersteigung des Mont Ventoux epochale Bedeutung. Natur als Landschaft ist Frucht und Erzeugnis des theoretischen Geistes.

Wie es bereits die Begegnung Petrarcas mit dem alten Hirten zeigt, ist Landschaft dem in der Natur wohnenden ländlichen Volk fremd und ohne Beziehung zu ihm[25]. Berge sind Ort des Wetters, oder sie sind Göttersitze: vom böotischen Helikon steigen die Musen in Nebel und Nacht herab, um

Hesiodos, den an seinen Hängen die Herde Hütenden, zum Dichter zu weihen[26]. Natur ist für den ländlich Wohnenden immer die heimatliche, je in das werkende Dasein einbezogene Natur: der Wald ist das Holz, die Erde der Acker, die Wasser der Fischgrund[27]. Was jenseits des so umgrenzten Bereiches liegt, bleibt das Fremde; es gibt keinen Grund hinauszugehen, um die »freie« Natur als sie selbst aufzusuchen und sich ihr betrachtend hinzugeben. Landschaft wird daher Natur erst für den, der in sie »hinausgeht« (transcensus), um »draußen« an der Natur selbst als an dem »Ganzen«, das in ihr und als sie gegenwärtig ist, in freier genießender Betrachtung teilzuhaben: »Wenn das liebe Tal um mich dampft (so heißt es im »Werther«) und die hohe Sonne an der Oberfläche der undurchdringlichen Finsternis meines Waldes ruht« und »wenn's dann um meine Augen dämmert und die Welt um mich her und der Himmel ganz in meiner Seele ruhn«, dann fühle (ich) »die Gegenwart des Allmächtigen, der uns nach seinem Bilde schuf, das Wehen des Alliebenden, der uns in ewiger Wonne schwebend trägt und erhält«. *Carus*, Arzt, Maler und Schellingschüler, hat in seinen »Briefen über Landschaftsmalerei« (1815–1824) die Natur als Landschaft ausdrücklich und bewußt in Begriffen bestimmt, die als diese zur Tradition der philosophischen Theorie gehören. Was als Landschaft gegenwärtig ist, wird von ihm das »ewig waltende Leben der Schöpfung«, das »absolut Höchste, welches ihr (sc. der Natur) Urquell ist«, das »Große und Naturganze«, »einwohnendes Gesetz«, »Walten der ewigen Gesetzmäßigkeit«, »Urkraft und Seele der Welt« genannt. Daher wird für Carus der Himmel als »Inbegriff von Luft und Licht« und so als das »eigentliche Bild des Unendlichen« zum »unerläßlichsten und herrlichsten Teil der Landschaft« überhaupt[28]. Himmel ist in der Tradition der philosophischen Theorie immer die Sichtbarkeit des Kosmos als »Weltordnung« und seine scheinende Gegenwart. Alles, was »Himmel« dann in der Geschichte des Geistes bis zu *Kants* Verbindung des »gestirnten Himmels über mir« und des »moralischen Gesetzes in mir« bedeutet, lebt aus dieser alten Identität von Kosmos und Himmel[29]: »Wann aber werde ich den Sternenhimmel malen – jenes Bild, das mich immer beschäftigt?«, so fragt *van Gogh* in einem Brief an *E. Bernard*[30]. Da treibt im Verlangen nach solchem Malen das, was von je Gegenstand der Theorie ist.

Die Beispiele und Belege, die sich für den inneren Zusammenhang von Landschaft und philosophischer Theorie der ganzen Natur anbieten, sind zahllos. Sie bestätigen, daß in Petrarcas Deutung der eigenen Bergbesteigung das für die Natur als Landschaft in ihrer Geschichte konstitutive Prinzip wie in einer geistigen Vorwegnahme zur Sprache kommt. Ihre Entdeckung entspringt aus dem Zusammenhang der Theorie-Tradition. Die freie Betrachtung der ganzen Natur – über die Jahrhunderte hin von Griechenland her allein Sache des philosophischen Begriffs – erhält in der Zuwendung des Geistes zur Natur als Landschaft eine neue Gestalt und Form.

Aber zugleich scheitert Petrarca mit dem Versuch, die Ersteigung des Mont Ventoux in die Tradition der Theorie einzuordnen. Es endet damit, daß Petrarca das von ihm Begonnene verneinen und als nichtiges Bewundern des Irdischen verwerfen muß[31]. Was bedeutet das? Es wäre durchaus falsch zu meinen, daß die sinnfällige Natur für die philosophische Theorie, auch in ihrer neuplatonischen und christlichen Spätform, nur das Wesenlose sei, welches der sich zum Unkörperlichen wendende Begriff außer sich hat.

Das Sinnfällige behält hier immer die elementare positive Bedeutung, daß in ihm das Seiende gegenwärtig und das in ihm Scheinende ist. Es weckt daher den Geist; es ruft ihn zur Betrachtung des Ganzen und Göttlichen[32]. Aber das Entscheidende ist, daß für die philosophische Theorie über alle Unterschiede der Schulen hinweg das im Sinnfälligen scheinende Ganze nicht auch in diesem Sinnfälligen begriffen und als Sinnfälliges vergegenwärtigt werden kann. Die Weltordnung, das Göttliche, das Sein, die ganze Natur treten allererst in ihrer Wahrheit mit dem vernünftigen Begriff der Philosophie und den ihr zugeordneten freien theoretischen Wissenschaften hervor. Die philosophische Theorie ist hier in einem sehr genauen Sinne das Element, auf welches das Ganze verwiesen bleibt, um als es selbst hervortreten und für den Geist gegenwärtig sein zu können[33]. Darin ist es begründet, warum man bei den Griechen (wie *Schiller* sagt) befremdlicherweise »so wenige Spuren von dem sentimentalischen Interesse« findet, »mit welchem wir Neuere an Naturszenen ... hangen können«[34]. Dies »befremdliche« Fehlen der Natur als Landschaft ist sachlich begründet: auf dem Boden der philosophischen Theorie gibt es keinen Grund für den Geist, ein besonderes, von der begrifflichen Erkenntnis unterschiedenes Organ für die Vergegenwärtigung und Anschauung der sichtbaren Natur ringsum auszubilden. Der Himmel über dem Haus und die Erde, die es trägt, werden bereits in den Begriffen gewußt und ausgesagt, in welchen die Theorie das Ganze begreift. Sie schließt so alles Sinnfällige und auch das Schöne in der Gewalt, die ergreift, in sich ein. Das vor Augen Stehende als die den Menschen umgreifende sichtbare Natur bleibt daher gewissermaßen ohne Virulenz. Sie fordert kein Hinausgehen zu ihr. Sie wird bereits gewußt und gegenwärtig gehalten in der Theorie der Philosophie, die ihren Ort in den Schulen, in der Zelle des Klosters und im Grunde der Seele hat. Was die Stimme der Natur sagt, wird »innen« und nicht »draußen« vernommen[35]. Was bedeutet es dann, daß mit der Bergbesteigung Petrarcas – für ihn selbst am Ende unbegreiflich – die Geschichte beginnt, in welcher die Natur als Landschaft neben die in der Philosophie und Wissenschaft begriffene Natur tritt? Was zwingt den Geist dazu, auf dem Boden der Neuzeit ein Organ für die Theorie der »ganzen« Natur als des »Göttlichen« auszubilden, mit dem diese als Landschaft nicht im Begriff, sondern im ästhetischen Gefühl, nicht in der Wissenschaft, sondern in Dichtung und Kunst, nicht im transcensus des Begriffs, sondern in ihm als dem genießenden Hinausgehen in die Natur vergegenwärtigt wird? Warum wird die betrachtende »Bewunderung der Gipfel der Berge, der ungeheuren Fluten des Meeres, der weit dahin fließenden Ströme, der Kreisbahnen der Gestirne«, die Petrarca am Ende im Sinne der Philosophie Augustins als »Vergessen des Selbst« verwerfen muß, zum Element einer neuen, bis dahin unbekannten Form der »Theorie«? Was heißt es, daß schließlich die ästhetische Auffassung der Natur als Landschaft nicht weniger universal wird, wie es ihr Begriff als Objekt der Wissenschaften ist?

II

Landschaft ist Natur, die im Anblick für einen fühlenden und empfindenden Betrachter ästhetisch gegenwärtig ist: Nicht die Felder vor der Stadt, der Strom als »Grenze«, »Handelsweg« und »Problem für Brückenbauer«[36], nicht die Gebirge und die Steppen der Hirten und Karawanen (oder der Ölsucher) sind als solche schon »Landschaft«. Sie werden dies erst, wenn sich der Mensch ihnen ohne praktischen Zweck in »freier« genießender Anschauung zuwendet, um als er selbst in der Natur zu sein. Mit seinem Hinausgehen verändert die Natur ihr Gesicht. Was sonst das Genutzte oder als Ödland das Nutzlose ist und was über Jahrhunderte hin ungesehen und unbeachtet blieb oder das feindlich abweisende Fremde war, wird zum Großen, Erhabenen und Schönen: es wird ästhetisch zur Landschaft[37]. In einem Reisebericht über Grindelwald von 1765/67 wird allein von den Gefahren erzählt, welchen hier der Reisende durch »Abgründe« und »überhangende Felsmauern« ausgesetzt sei; man höre das »Geschrei der Geier und anderer Raubvögel«, das »den Schauer dieser wilden Einöden vermehrt«, über denen die »fürchterliche Majestät der Schneegebirge« steht. Von der gleichen Alpenwelt kann es in der Sprache ästhetischer Zuwendung zur Natur heißen: »Man muß selbst da oben gestanden haben, wenn man sich einen Begriff von all der Großartigkeit und Pracht machen will, und dann wird man diese Stunde zu den schönsten und unvergeßlichsten seines Lebens zählen ..., zu jenen Stunden, wo man dem Weltgeiste sich näher fühlt«[38].

Mit diesem schwebenden, an die Zuwendung des empfindenden Betrachters gebundenen und ohne ästhetische Vermittlung verlöschenden Sein bleibt Landschaft einerseits Abkömmling der philosophischen Theorie in dem genauen Sinne, daß sie Gegenwart der ganzen Natur ist. Wir gehen so in die Landschaft hinaus, um in der »freien«, aus der Nutzung herausgelösten Natur als der Natur selbst zu sein. Daran hat *Alexander v. Humboldt* angeknüpft[39]. Er hat – wohl zuletzt – die ästhetische Entdeckung und Vergegenwärtigung der Natur als Landschaft im Zusammenhang der auf den »Kosmos« gerichteten »Theorie« begriffen. Sein »Entwurf einer physischen Weltbeschreibung« sei (wie es in der Vorrede von 1844 heißt) aus dem »Bestreben« als »Hauptantrieb« hervorgegangen, »die Erscheinungen der körperlichen Dinge in ihrem allgemeinen Zusammenhange, die Natur als ein durch innere Kräfte bewegtes und belebtes Ganzes aufzufassen«, um so ein allgemeines »Naturgemälde« als Übersicht über die Erscheinungen im Kosmos »von den fernsten Nebelflecken und kreisenden Doppelsternen des Weltraumes zu den tellurischen Erscheinungen« in einer »Geschichte der Weltanschauung, d. h. der allmählichen Auffassung des Begriffs von dem Zusammenwirken der Kräfte in einem Naturganzen«, zu geben. Doch diese denkende Betrachtung der Natur als »Einheit in der Vielheit« und als »Inbegriff der Naturdinge und Naturkräfte« und »lebendiges Ganzes« ist nicht mehr selbstverständlich. Humboldt wendet sich ihr im Angesicht der Gefahr zu, daß der Geist mit der schnellen Ausbreitung der physischen Forschung der »Masse der Einzelheiten« unterliegen könne[40]. Es soll daher noch einmal an die »erhabene Bestimmung des Menschen« erinnert werden, den »Geist der Natur zu ergreifen, welcher unter der Decke der Erscheinungen verhüllt liegt«, um so die Natur als Ganzes zu begreifen und »den rohen Stoff empirischer Anschauung gleichsam durch Ideen zu beherrschen«.

Aber dieses Begreifen setzt voraus, daß als ihr Organ neben die entdeckenden Wissenschaften und die »Thätigkeit der kombinierenden Vernunft« gleichrangig als »Anregungsmittel« zu solcher »Weltanschauung« der »Genuß« getreten ist, welchen der »Anblick der Natur ... unabhängig von der Einsicht in das Wirken der Kräfte« gewährt[41]. Mit ihm durchdringe uns im »Gefühl der freien Natur« ein »Ahnen ihres Bestehens nach ewigen Gesetzen«. Während in der Tradition der philosophischen Theorie bis in die Epoche der Wende zur Neuzeit hinein der vernünftige Begriff allein und als solcher die ganze Natur als Kosmos zu vergegenwärtigen vermag, ist für Alexander v. Humboldt das, was er in unmittelbarer Anknüpfung an die θεωρία τοῦ κόσμου »Weltanschauung«[42] nennt, nunmehr auf die ästhetische Vermittlung verwiesen. Die Anschauung des Ganzen setzt voraus, daß zu dem »Kreis der Objekte«, wie sie »von der Phantasie entblößt, der reinen Objektivität wissenschaftlicher Naturbeschreibung« angehören, die »innere Welt« hinzutritt, die dem »Reflex des durch die äußeren Sinne empfangenen Bildes auf das Gefühl und die dichterisch gestimmte Einbildungskraft« entspringt. Die ästhetische Natur als Landschaft hat so im Gegenspiel gegen die dem metaphysischen Begriff entzogene Objektwelt der Naturwissenschaft die Funktion übernommen, in »anschaulichen«, aus der Innerlichkeit entspringenden Bildern das Naturganze und den »harmonischen Einklang im Kosmos« zu vermitteln und ästhetisch für den Menschen gegenwärtig zu halten: »Um die Natur in ihrer ganzen Größe zu schildern«, darf man daher »nicht bei den äußeren Erscheinungen allein verweilen«; ... die Natur muß auch dargestellt werden, »wie sie sich im Inneren der Menschen abspiegelt, wie sie durch diesen Reflex bald das Nebelland physischer Mythen mit anmutigen Gestalten füllt, bald den edlen Keim darstellender Kunsttätigkeit entfaltet«.

Hiermit spricht Alexander v. Humboldt großartig wie tiefsinnig das Allgemeine aus: In der geschichtlichen Zeit, in welcher die Natur, ihre Kräfte und Stoffe zum »Objekt« der Naturwissenschaften und der auf diese gegründeten technischen Nutzung und Ausbeutung werden, übernehmen es Dichtung und Bildkunst, die gleiche Natur – nicht weniger universal – in ihrer Beziehung auf den empfindenden Menschen aufzufassen und »ästhetisch« zu vergegenwärtigen. *Descartes* und *Jan v. Goyen* werden im gleichen Jahre 1596 geboren. Die kantische Philosophie der Natur *Newtons* hat die Dichtung neben sich, die da, »wo jetzt, wie unsere Weisen sagen, seelenlos ein Feuerball sich dreht«, die vom Göttlichen belebte Natur als das in der jetzigen Wirklichkeit Untergegangene im Gesange aussagt[43]. Sieht man auf die Reflexion, in der Dichter und Maler sich ihr Tun wie ihre Aufgabe zu deuten suchen, dann zeigt sich, daß diese Gleichzeitigkeit wissenschaftlicher Objektivierung und ästhetischer Vergegenwärtigung im Verhältnis zur Natur nicht zufällig ist. Der ästhetische Sinn wird von einer Macht ergriffen, die ihn zum Organ ihrer Darstellung macht, weil sie ohne ihn ungesagt und ungesehen bleiben muß. *Cézanne* spricht gelegentlich (im Blick auf *Tintoretto*) von der »kosmischen Besessenheit, die uns verzehrt«. Malend verliere er sich als »optisches Werkzeug« in einer Bewegung an die Natur, in welcher sie ihrerseits sein »eigenes Ich okkupiert«, um sich als ein an sich Entschwindendes durch dieses zu manifestieren: »Ich will mich an die Natur verlieren, mit ihr wie sie keimen, die eigensinnigen Töne der Felsen haben, die vernünftige Hartnäckigkeit des Gebirges, die Flüssigkeit der Luft, die Wärme der Sonne. Vor uns ist ein großes Wesen von Licht und Liebe, das ungewisse Weltall, das Zögern der Dinge. Ich werde ihr Olymp sein, ich werde ihr Gott sein. Das himmlische Ideal wird in mir erstehen. Die Farben, sehen Sie, sind das sichtbare Fleisch der Ideen und Gottes, das Durchscheinen des Mysteriums ... ihr Perlmutterlächeln belebt von neuem das tote Antlitz der entschwundenen Welt«[44]. Malend zeichnet *van Gogh* auf, was ihm die Natur sagt: »Ich sehe, daß die Natur zu mir gesprochen, daß sie mir etwas gesagt hat, was ich in Schnellschrift aufgeschrieben habe. In meiner Schnellschrift mögen Worte sein, die nicht zu entziffern sind – Fehler oder Lücken, doch etwas ist geblieben von dem, was der Wald oder der Strand oder die Figur gesagt haben«[45]. »Die belebten, die erlebten, die uns mitwissenden Dinge«, so schreibt *Rilke* in einem Briefe vom 13. 11. 1925, »gehen zur Neige und können nicht mehr ersetzt werden. Wir sind vielleicht die letzten, die solche Dinge noch gekannt haben. Auf uns ruht die Verantwortung, ... ihr Andenken zu erhalten ...«[46]. Im Element des Empfindens und der ästhetischen Produktion bezeugen Dichtung und Bild, was ohne ihre Vermittlung entgleitet und entschwindet. Was damit ästhetisch geschieht, hat daher nicht in der in sich verschlossenen Subjektivität, sondern in der Notwendigkeit den Grund, ein sonst nicht mehr Gesagtes und Gesehenes zum Scheinen zu bringen, es zu vergegenwärtigen.

In einer Kontinuität, die erstaunlich ist, wird diese Notwendigkeit ästhetischer Vermittlung in der Geschichte der ästhetischen Theorie mit dem Aufkommen der neuen Wissenschaft und ihrer Verdinglichung und Objektivierung der Natur in Verbindung gebracht und aus ihr begründet. *Baumgarten,* mit dessen »Ästhetica« 1750 überhaupt zuerst in der strengen Form eines Schulsystems eine auf Empfinden gegründete Philosophie der schönen Künste in die Geschichte tritt, hält zwar daran fest, daß diese durchaus dem vernünftigen Begriff der Wissenschaft untergeordnet seien. Aber zugleich werden sie von ihm als »gewichtiger Teil menschlichen Erkennens« anerkannt, dem sich der Philosoph – Mensch unter Menschen – nicht wohl entfremden dürfe.[47] Die schöne Kunst habe ihre eigene Wahrheit, die Wahrheit im Element des sinnlichen Empfindens und Fühlens und so

»ästhetische Wahrheit« (veritas aesthetica) sei[48]. Ihr Recht wie ihre Notwendigkeit wird von Baumgarten begründet; die logische und metaphysische Wahrheit (veritas logica) sei zwar jenseits der ästhetischen Ebene allein der Vernunft zugänglich, doch schließe sie zugleich die »Abstraktion« von allem Sinnfälligen so ein, wie eine Marmorkugel die Fortnahme des ihre Form frei gebenden Steines fordere[49]. Was in den vernünftigen Begriff logischer Wahrheit nicht eingeht, wird daher von den schönen Künsten empfindend erkannt und zu »ästhetischer Wahrheit« erhoben. Ästhetische Kunst und logische Wissenschaft stehen so für Baumgarten im Verhältnis der Ergänzung zueinander. Was dies meint, wird von ihm in einem wenig beachteten Paragraphen der »Aesthetik« durch den Hinweis auf die Natur erläutert, in welcher der Hirte mit seinen Gefährten lebt. Bereits *Descartes* hatte die »kleine Sonne« der sinnlichen Anschauung von der »großen Sonne« der Astronomie unterschieden[50]. Das nimmt Baumgarten auf, um die Funktion ästhetischer Wahrheit zu erläutern: Der Lauf der Sonne durch die Sternbilder im fortgehenden Jahre, den der Hirte, zu seinen Gefährten und seiner Geliebten sprechend, vor Augen hat, komme nicht in den Begriffen vor, in denen ihn der Astronom als Physiker und Mathematiker denkt[51]. Wo die ganze Natur, die als Himmel und Erde zu unserem Dasein gehört, nicht mehr als diese im Begriff der Wissenschaft ausgesagt werden kann, bringt der empfindende Sinn ästhetisch und poetisch das Bild und das Wort hervor, in denen sie sich in ihrer Zugehörigkeit zu unserem Dasein darstellen und ihre Wahrheit geltend machen kann. *Kant* hat dies zur großen Form des in seinem Grunde erhellten philosophischen Gedanken erhoben. Nachdem die Wissenschaft von der Natur dadurch zu sicherem Gange gekommen ist, daß sie sich darauf beschränkt, ihre Erscheinung allein im Felde möglicher Erfahrung zu »buchstabieren«, übernimmt es die ästhetische Einbildungskraft, die Natur in ihrer »Totalität« und als »Darstellung der Idee des Übersinnlichen«, die wir nicht mehr »im Begriffe von Welten« erkennen können, ästhetisch im Anblick des gestirnten Himmels, »bloß wie man ihn sieht«, oder des Ozeans »bloß nach dem, was der Augenschein zeigt«, für das Gemüt gegenwärtig zu halten[52].

Im gleichen Sinne wird für *Carus* die in allem gegenwärtige Natur und »ewig fortwirkende Weltschöpfung« da, wo die »zerlegende Wissenschaft« zur Herrschaft gekommen ist, auf das ästhetische Fühlen und auf die »freie Pro- und Reproduktion des Kunstgenius«[53] verwiesen: Es sei, »als wäre der unendliche Reichtum der Natur in einer Sprache geschrieben, welche jetzt der Mensch nur dadurch erlernen könnte, daß er »durch den Vorgang eines verwandten Geistes einen Teil dieser Worte in seine Muttersprache übersetzt erhält«[54].

So wird die Notwendigkeit ästhetischer vermittelter Wahrheit aus dem Verhältnis zur »kopernikanischen«, aus dem Zusammenhang des Daseins und seiner Anschauung gelösten »objektiven« Natur der Naturwissenschaft begründet. Was in der Wissenschaft ungesagt bleiben muß, ist die Gegenwart der »ganzen Natur« als der Himmel und die Erde, die zum Erdenleben des Menschen als seine sinnlich anschauliche Naturwelt gehören. Daher hat Carus die Landschaftskunst »Erdlebenbildkunst« genannt[55]. Landschaft ist die ganze Natur, sofern sie als »ptolemeische« Welt zum Dasein des Menschen gehört. Sie bedarf da der ästhetischen Aussage und Darstellung, wo die »kopernikanische« Natur diese nicht in sich begreift und außer sich hat. Wo der Himmel und die Erde des menschlichen Daseins nicht mehr in der Wissenschaft wie auf dem Boden der alten Welt im Begriff der Philosophie gewußt und gesagt werden, übernehmen es Dichtung und Kunst, sie ästhetisch als Landschaft zu vermitteln.

III

Wir sind – fast notwendigerweise bei der unübersehbaren Vielfalt und dem Reichtum der ästhetischen Welt in sich – daran gewöhnt, Dichtung und Kunst für sich und getrennt vom anderen zu begreifen. Wo aber gefragt wird, was es heißt, daß zur modernen Welt Natur als Landschaft gehört und warum Dichtung und Kunst die an sich in der Wissenschaft begriffene Natur ästhetisch wiederholen, wird man genötigt, die Isolierung des Ästhetischen hinter sich zu lassen und die Natur als Landschaft aus dem Verhältnis zu begreifen, in dem sie zur Gesellschaft und ihrer durch die Wissenschaft vermittelten »objektiven« Natur steht.
Es bleibt denkwürdig, daß *Schiller* dies in der Sturmzeit der Französischen Revolution 1795 in einer Dichtung getan hat. Sie trägt – *Rousseau,* dem »promeneur solitaire« zu Ehren – den Titel: »Der Spaziergang«[56]. In ihr begegnen zunächst in großer Zusammenfassung alle die Elemente, die konstitutiv für die Natur als Landschaft sind: der Wanderer, der hinausgeht und »endlich entflohn des Zimmers Gefängnis und dem engen Gespräch« sich »freudig« zu der Natur rettet und – in der Beziehung auf ihn – die ganze Natur, die sich »dem frei Empfangenden« im Anblick der »ruhigen Bläue des Himmels«, des »braunen Gebirges«, des »grünenden Waldes« öffnet. Der Berg wird als die erste und immer wiederkehrende Verkörperung der Landschaft

genannt, auf dessen Gipfel die »Welt« »endlos« als »Äther« und »unabsehbar« dem Blick des Wanderers gegenwärtig ist. Es wird schließlich gesagt, daß der Wanderer – Subjekt der Landschaft – dem »glücklichen Volke der Gefilde« und seiner es »nachbarlich umruhenden« Natur entfremdet ist. Sie wird erst für den Hinausgehenden zur Landschaft, die so zu der Stadt gehört, die sich »aus dem felsigten Kern türmend hebt«.

Es kann zunächst so aussehen, als habe Schiller nur die Trennung von Stadt und Land und im Verhältnis zu ihr die Landschaft als idyllische, ästhetische Verklärung ländlichen Wohnens vor Augen[57]. Doch das Weitere zeigt, daß dem nicht so ist. Während nämlich das ländliche Dasein unter einem »eng« genannten »Gesetz« steht, wird die Stadt von Schiller als der Ort gepriesen, an dem »im Kampfe der eifernden Kräfte« die Freiheit zu dem »Bunde« erwächst, in dem, belebt von einem Geiste und einem Gefühl, »der Mensch an den Menschen näher gerückt ist«. Schiller spricht zugleich aus, daß die notwendige und unaufhebbare Bedingung der mit der Stadt gesetzten Freiheit des Menschen die Verwandlung der »umruhenden« Natur des ländlichen Daseins in die genutzte Natur als Objekt menschlicher Herrschaft ist. Wo Stadt ist, da »entbrennt, des Eigentums froh, das freie Gewerbe«; »zischend fliegt in den Baum die Axt«; aus dem »Felsbruch wiegt sich der Stein, vom Hebel beflügelt«, in der »Gebirge Schlucht taucht sich der Bergmann hinab«. Zur Stadt als Ort menschlicher Freiheit gehören unter dem Hammer der »Stahl«, die »Spindel«, das »webende Schiff«, »auf der Reede der Pilot«, die »Flotten«, die Ausfuhr »heimischen Fleißes«, die »Gaben der Ferne«, die »Märkte« in »seltsamer Sprachen Gewirr«, der die Früchte der Erde handelnde Kaufmann. Es wird weiter gesagt, daß die Stadt in Gewerbe, Arbeit und in den »Künsten der Lust« den »Weisen« voraussetzt, der forschend »den schaffenden Geist« beschleicht, »der Stoffe Gewalt, der Magneten Hassen und Lieben« prüft und »durch die Lüfte dem Klange, durch den Äther dem Strahl« folgt, um in »des Zufalls grausendem Wunder« das »vertraute Gesetz« zu suchen und so in dessen Erkenntnis Natur zum Objekte des Menschen zu machen. Daher schließt Freiheit für Schiller in Wissenschaft und Gewerbefleiß, die ihre Bedingung sind, die Entzweiung des Menschen mit der ihn ursprünglich umruhenden Natur ein. Die »heilige« Natur wird zur »verlorenen« Natur. Freiheit fordert deren objektive Verdinglichung; sie hat so in ihrem Grunde die Natur des Erdenlebens außer sich: Wo in der Stadt die Freiheit Existenz erhält, da werden des »Waldes Faunen« verstoßen; der Anblick der Natur wird dem Menschen geraubt; »die beharrlichen Sterne erlöschen«[58]. Gleichwohl preist die Dichtung die Stadt: Sie hat im Verlust der umruhenden Natur und im Erlöschen ihrer beharrlichen Sterne den Menschen als Menschen zum Freien gemacht; mit ihr »zerrinnen vor dem wundernden Blick die Nebel/ Und die Gebilde der Nacht weichen dem tagenden Licht / Seine Fesseln zerbricht der Mensch / Der Beglückte«.

Die Verdinglichung der Natur zum Objekt und so die Trennung des Menschen von der ihn ursprünglich umruhenden Natur wird daher von Schiller nicht als Verfall und als Verlust eines im Ursprung noch heilen Daseins genommen. Verlust der umruhenden Natur ist vielmehr Bedingung der Freiheit. In den etwa gleichzeitigen »Briefen zur ästhetischen Erziehung« (1793/4) heißt es: »So lange der Mensch in seinem ersten physischen Zustand die Sinnenwelt bloß leidend aufnimmt, ist er noch völlig eins mit derselben«. Aber zur Freiheit gehört, daß er aus diesem Einssein heraustritt; sie schließt ein, daß er nicht mehr »Sklave der Natur« ist, sondern sie als ihr Gesetzgeber und Subjekt für sich zum Objekt gemacht hat: »Aus einem Sklaven der Natur wird der Mensch ... ihr Gesetzgeber. Was ihm Objekt ist, hat keine Gewalt mehr über ihn; denn um ein Objekt zu sein, muß es diese erfahren haben«[59].

So kommt Freiheit als Freiheit für den Menschen mit der Stadt und mit der Wissenschaft und Arbeit der modernen Gesellschaft zur Existenz, weil er sich mit ihr endgültig aus der Macht der Natur befreit und sie als Objekt seiner Herrschaft und Nutzung unterwirft. Daher kann es für Schiller keine Rückkehr in die ursprüngliche Einheit mit der Natur geben. Die Emanzipation aus ihr ist die Bedingung, an die Freiheit notwendig gebunden bleibt[60].

Erst aus diesem Zusammenhang, in dem für Schiller Freiheit und objektive Verdinglichung der Natur unlöslich miteinander verknüpft sind, läßt sich die Deutung der Landschaft begreifen, die Schiller in seiner Dichtung gibt. Wo die Entzweiung der Gesellschaft und ihrer »objektiven« Natur von der »umruhenden« Natur die Bedingung der Freiheit ist, da hat die ästhetische Einholung und Vergegenwärtigung der Natur als Landschaft die positive Funktion, den Zusammenhang des Menschen mit der umruhenden Natur offen zu halten und ihm Sprache und Sichtbarkeit zu verleihen; er muß ohne ästhetische Vermittlung in der Objektwelt der Gesellschaft notwendig ungesagt bleiben. Die Landschaft gehört so geschichtlich und sachlich als die sichtbare Natur des ptolemeischen Erdenlebens zur Entzweiungsstruktur der modernen Gesellschaft. Die große Bewegung des Geistes, in welcher der ästhetische Sinn die Aufgabe der »Theorie« übernimmt, um die ohne ihn notwendig

entgleitende »ganze Natur« als Landschaft gegenwärtig zu halten, hat daher nichts mit bloßem Spiel und mit illusionärer Flucht oder dem (tödlichen) Traum zu tun, in den Ursprung als in eine noch heile Welt zurückzugehen. Sie ist das Gegenwärtige. Schiller begreift die ästhetische Kunst als das Organ, das der Geist auf dem Boden der Gesellschaft ausbildet, um das, was die Gesellschaft in der für sie notwendigen Verdinglichung der Welt zu ihrem Objekt außer sich setzen muß, dem Menschen zurückzugeben und für ihn einzuholen. Die zum Erdenleben des Menschen gehörige Natur als Himmel und Erde wird ästhetisch in der Form der Landschaft zum Inhalt der Freiheit, deren Existenz die Gesellschaft und ihre Herrschaft über die zum Objekt gemachte und unterworfene Natur zur Voraussetzung hat.
Der Naturgenuß und die ästhetische Zuwendung zur Natur setzen so die Freiheit und die gesellschaftliche Herrschaft über die Natur voraus. Wo Natur zu der Gewalt wird, die ihre Ketten zerbricht und den Menschen, den schutzlos Gewordenen, fortreißt, da waltet im Furchtbaren der Schrecken, der blind ist. Freiheit ist Dasein über der gebändigten Natur. Daher kann es Natur als Landschaft nur unter der Bedingung der Freiheit auf dem Boden der modernen Gesellschaft geben[61]. *Hegel* hat in diesem Sinne allgemein gesagt, daß mit der Ausbildung der modernen Welt und ihrer Freiheit allererst die schöne Kunst zur »wahrhaften Kunst« werden kann. Sie läßt mit ihr die Sphäre hinter sich, in der sie als »flüchtiges Spiel« nur dazu dient, »unsere Umgebung zu verzieren, dem Äußeren der Lebensverhältnisse Gefälligkeit zu geben und durch Schmuck andere Gegenstände herauszuheben«. Sie erhebt sich in freier Selbständigkeit zur Wahrheit. Sie erhält erst ihre »höchste

Aufgabe«, indem sie in den »gemeinschaftlichen Kreis mit der Religion und Philosophie« tritt, um so ästhetisch das »Göttliche und die tiefsten Interessen des Menschen und die umfassendsten Wahrheiten des Geistes auszusprechen«[62].
Wir sind gegenwärtig dem Druck einer Philosophie ausgesetzt, die die moderne Zivilisation als »totale Vernutzung der Erde« und »Entmenschlichung des Menschen« verwirft. Wir sind zugleich dem Druck einer Soziologie ausgesetzt, die die Zivilisation allein als die artifizielle Wirklichkeit rationeller Institution begreift, in denen der Mensch fortschreitend seinem eigenen Sein und der ihm aus seiner geschichtlichen Herkunft zugehörenden Welt entfremdet werden soll.
Demgegenüber hat die geschichtliche Zusammengehörigkeit der objektiven Natur der Gesellschaft mit der Natur als ästhetischer vermittelter Landschaft allgemeine Bedeutung. An ihr zeigt sich, daß die gleiche Gesellschaft und Zivilisation, die dem Menschen in der Verdinglichung der Natur die Freiheit bringt, zugleich den Geist dazu treibt, Organe auszubilden, die den Reichtum des Menschseins lebendig gegenwärtig halten, dem die Gesellschaft ohne sie weder Wirklichkeit noch Ausdruck zu geben vermag.
Man kann sich so nicht auf die eine oder auf die andere Seite schlagen. Wo der bedrängte Mensch dabei ist, das Vertrauen zu seiner gegenwärtigen Wirklichkeit zu verlieren und in Ideologien und Weltanschauungen Halt sucht, die nicht in dieser gründen, hat die Philosophie die Aufgabe, die Einheit der sich äußerlich entgegensetzenden Mächte und so die unserer Welt an sich einwohnende Vernunft zu begreifen. Sie macht so nüchtern das geltend, was stärker und reicher als alles schweifende Vorstellen und Meinen ist. *(1962)*

Anmerkungen

1. Subjektivität und industrielle Gesellschaft (1961)

Zu Hegels Theorie der Subjektivität

1 Der Abhandlung liegen im wesentlichen folgende Texte zugrunde: »Grundlinien der Philosophie des Rechts«, hg. v. J. Hoffmeister, Hamburg 1955 (Rph); nur die von E. Gans aus Vorlesungsnachschriften zusammengestellten, in seiner Ausgabe von 1833 den Paragraphen hinzugefügten »Zusätze« (Z), die Hoffmeister im Rückgriff auf den von Hegel selbst veröffentlichten Text nicht hat, werden nach der Stuttgarter Jubiläumsausgabe WW, hg. v. H. Glockner, Bd. 7, zitiert.
»Dokumente zu Hegels Entwicklung«, hg. v. J. Hoffmeister, Stuttgart 1936 (Dok.).
»Erste Druckschriften«, hg. v. G. Lasson, Leipzig 1928 (E. D.).
»Phänomenologie des Geistes«, WW Bd. 2 (Phän.).
»Schriften z. Politik u. Rechtsphilosophie«, hg. v. G. Lasson, Leipzig 1913 (Pol.).
»Beurtheilung der im Druck erschienenen Verhandlungen in der Versammlung der Landstände des Königreichs Würtemberg im Jahre 1815 und 1816« I-XXXIII. Abtheilung WW Bd. 6 (Verh.).
»Die Vernunft in der Geschichte« (Einltg. d. Vorl. ü. d. Philosophie der Weltgeschichte), hg. v. J. Hoffmeister, Hamburg 1955 (VG); im übrigen wird diese Vorlesung (PhG) nach WW Bd. 11 zitiert.
»Vorlesungen über die Geschichte der Philosophie« (GPh), WW Bd. 17 bis 19.
»Briefe von und an Hegel«, 4 Bde. (1–3 hg. v. J. Hoffmeister, 4 hg. v. R. Flechsig), Hamburg 1952, 1953, 1954, 1960 (Br). Vor allem für das im 1. Teil der Abh. Gesagte sei auf des Verf. Arbeit: »Hegel und die französische Revolution« (Veröff. d. AG. f. Forschung d. Landes Nordrhein-Westfalen, Geisteswiss. H. 63), Köln und Opladen 1957, Frankfurt 1965 u. ö., jetzt in: Metaphysik und Politik Frankfurt 1969, 183–255.

2 K. R. Popper: »The Open Society and its Enemies«, 2 vol. London 1945, 2nd ed. (rev.) 1952, II, c. 12, p. 27–80.

3 Rph Vorr. S. 16.
4 Aristoteles Met. I, 2 982 b7 seq.; VI, 1 1026 a6 seq.; XII, 1 1069 a18.
5 Rph Vorr. S. 16, vgl. S. 15.
6 PhG WW 11, 562 f.
7 Phän. WW 2, 454.
8 Vgl. Dok. S. 352; Br. Nr. 85 v. 23. 1. 1807; Verh. WW 6, 395 f.
9 PhG WW 11, 557 f.
10 Rph § 209.
11 PhG WW 11, 557.
12 Rph §§ 245–248; § 248 Z.
13 VG S. 62 f.
14 VG S. 62 f. und S. 64.
15 VG S. 62.
16 Novalis WW hg. v. Wasmuth I, 279 ff.
17 Glauben und Wissen (1802), E. D. S. 225.
18 PhG WW 11, 518.
19 PhG WW 11, 521 ff.
20 GPh III WW 19, 534.
21 PhG WW 11, 524.
22 Rph § 189 Z.
23 Rph § 188.
24 Rph § 187; § 194.
25 Rph § 182; § 33.
26 Glauben und Wissen, E. D. S. 225 f.
27 Differenz d. Fichteschen und Schellingschen Systems der Philosophie (1802), E. D. S. 12 ff.; vgl. Volksreligion in: Theologische Jugendschriften, hg. v. H. Nohl, Tübingen 1907, S. 28.
28 Corpus Juris Civilis I Institutiones recogn. P. Krüger, Berlin 1954, 1, V, 3.
29 Rph S. 302.
30 Aristoteles Met. 1, 2 982 b25–28.
31 VG S. 55.
32 Glauben und Wissen, E. D. S. 225.
33 Rph §§ 105–140; vgl. u. a. § 107 u. Wissenschaftliche Behandlungsarten des Naturrechts, Pol. S. 352 ff.; Rph Vorr. S. 7.
34 Rph § 140, S. 139.
35 Rph Vorr. S. 8 f.

2. Über den Sinn und die Grenze der Lehre vom Menschen (1933)

1 Oswald Schwarz, Medizinische Anthropologie, Leipzig 1929, S. IV.
2 Oskar Becker, Mathematische Existenz. Untersuchungen zur Logik und Ontologie mathematischer Phänomene, Jahrb. f. Philos. u. phänomenol. Forschung, hg. v. E. Husserl, Bd. VII, Halle 1927, S. 439 ff.
3 Bl. f. Deutsche Philosophie 1929, Bd. III, Heft 1, S. 31.
4 Max Scheler, Mensch und Geschichte, in: Philosophische Weltanschauung; Bonn 1929, S. 15.
5 Max Scheler, Die Stellung des Menschen im Kosmos, Darmstadt 1928, S. 105.
6 Martin Heidegger, Sein und Zeit, Halle 1927, S. 13.
7 Max Scheler, Vom Umsturz der Werte, Bd. II, Leipzig 1919, S. 5 ff.
8 Max Scheler, Die Wissensformen und die Gesellschaft, Leipzig 1926, S. 231 ff.
9 Philosophische Weltanschauung, a.a.O., S. 8 f.
10 Philosophische Weltanschauung, a.a.O., S. 97.
11 Die Stellung des Menschen im Kosmos, a.a.O., S. 113.

3. Über das Lachen (1940)

1 Auf die älteren und neueren Versuche einer physiologischen Erklärung des Lachens (Darwin, Hecker, Bell, Cannon, Carr) kann hier nicht eingegangen werden. Sie müssen notwendigerweise vor dem Problem seiner welthaften Bedeutung versagen.
2 Rocca Cocles, Physiognomiae et Chiromantiae Compendium, 1533.
3 Ribot, Psychologie des sentiments, Paris 1896.
4 Unter den neueren Untersuchungen zum Komischen geht auch Friedr. G. Jünger: Über das Komische, Berlin 1938, vom »Konflikt« aus. Das Komische entwickelt sich in dem Verhältnis des regelmäßig Schönen zum Unregelmäßigen. J. hält sich dabei aber völlig von derartigen Versuchen einer psychologischen Festlegung der Komik frei. Auch bei ihm ist das Problem wesentlich ein welthaftes, und das zeichnet diese Arbeit philosophisch aus, die an die besten Traditionen der deutschen Klassik anknüpft (Lessing, Lichtenberg u. a.).
5 Not nennt's der Grollende,
Der Narr nennt's Spiel.
Weltspiel das herrische
Mischt Sein und Schein.

Das Ewig Närrische
Mischt uns hinein
(Nietzsche, Lieder des Prinzen Vogelfrei).

6 Vgl. Aristoteles, Ars Poet. c. 5.: τὸ γὰρ γελοῖόν τι ἐστι ἁμάρτημά τι καὶ αἶσχρος ἀνώδυνον καὶ οὐ φθαρτικόν, auf dieser Linie auch Lessings Begriff der »unschädlichen Häßlichkeit« (Laokoon 23).

7 Vgl. Ästhetik, S. 104, und Erwin, S. 252.

8 Zum humoristischen Problem des Don Quixote vgl. u. a. M. Kommerel in: Neue Rundschau, Jg. 49, H. 3, 1938.

9 Unter diesem Gesichtspunkt hat W. Krauß in einer tiefgreifenden Arbeit Molière interpretiert (Molière und das Problem des Verstehens in der Welt des 17. Jahrhunderts, in: Zs. f. Deutsche Geisteswiss. 1, 2, S. 142 ff., 1938). Was diese Untersuchung auszeichnet, ist das Verständnis für den totalen Sinn des Komischen. Molière, heißt es da, »führt den Natürlichkeitsanspruch der Gesellschaft in seinen Voraussetzungen ad absurdum und bahnt ... die Einsicht an, daß eine auf Reflexion gegründete Gesellschaft unnatürlich ist«. Das Ausweichen in die Reflexion ist das notwendige Verhalten einer solchen Gesellschaft und zugleich das Element ihrer Substanzlosigkeit, das in der Komik ausgespielt wird. Damit trifft das Komische über die Erscheinungen des reflektierten Daseins die Substanz der Lebenswelt selbst. Molière konnte diese Substanzlosigkeit und Nichtigkeit verstehen, weil er selbst nicht in sie eingefügt war und in einer Gemeinschaft des »Einvernehmens« den Hintergrund fand, gegen den sich das vordergründige Wesen der Gesellschaft überhaupt in der Weise des komisch Nichtigen abheben konnte. Auf diese Arbeit sei ganz besonders nachdrücklich verwiesen.

10 Die Rolle, die für die Erinnerung in diesem Sinn dem Grotesken zufällt, hat R. Petsch sichtbar gemacht (Das Groteske, in: Bl. f. D. Ph. VII, Heft 5, 1933).

4. Dichtung und Gedanke (1945)

Bemerkungen zur Dichtung T. S. Eliots

1 T. S. Eliot, Gesammelte Gedichte 1909–1962, Werke Bd. IV, Frankfurt 1972, S. 330. (*Little Gidding* III).

2 a.a.O., 326 (*Little Gidding* III).

3 a.a.O., S. 238 (*Choruses from ›The Rock‹* I).

4 a.a.O., S. 302 (*East Coker* V).

5 a.a.O., S. 314 (*The dry Salvages* III).

6 a.a.O., S. 162 f. (*Animula*).

7 a.a.O., S. 298 (*East Coker* III).

8 a.a.O., S. 290 (*East Coker* I).

9 a.a.O., S. 304 (*The dry Salvages* I).
10 a.a.O., S. 310 (*The dry Salvages* II).
11 a.a.O., S. 316 (*The dry Salvages* V).
12 a.a.O., S. 298 (*East Coker* III).
13 a.a.O., S. 318 (*The dry Salvages* V).
14 a.a.O., S. 286 (*Burnt Norton* V).

5. Die Aufgabe der Geisteswissenschaften in der modernen Gesellschaft (1963)

1 M. Scheler, Universität und Volkshochschule, in: Die Wissensformen und die Gesellschaft, Leipzig 1926, S. 497 (eine Äußerung des Kultusministers Becker zitierend), S. 505.
2 H. Schelsky, Einsamkeit und Freiheit. Zur sozialen Idee der deutschen Universität (Schriften d. Ges. z. Förderung d. Westf. Wilhelms-Univ. zu Münster, H. 45), Münster 1960.
3 a.a.O., S. 12.
4 a.a.O., S. 27 f., unter Berufung auf M. Weber.
5 a.a.O., S. 29 ff.
6 Vgl. J. Ritter, Die Lehre vom Ursprung und Sinn der Theorie bei Aristoteles, in: Metaphysik und Politik. Studien zu Aristoteles und Hegel, Frankfurt 1969, S. 9–33.
7 ἐπιστήμη, θεωρητική, z. B. Met. I, 2 982 b 7; VI, 1 1026 a 6 seq.
8 Met. I, 2 982 b 24: δι᾽ οὐδεμίαν ... χρείαν ἑτέραν; b 27: μόνην οὖσαν ἐλευθέραν τῶν ἐπιστημῶν, μόνη γὰρ αὕτη αὑτῆς ἕνεκέν ἐστιν.
9 Vgl. hierzu a.a.O., 37 f., Boll, Vita Contemplativa, Heidelberg, 2. A. 1922.
10 Eth. Nicom. VI, 7 1141 b 4 seq: ἄχρηστα.
11 Met. XII, 1 1069 a 18: περὶ τῆς οὐσίας ἡ θεωρία; De Mundo 391 a 2 seq.: φιλοσοφία ... μόνη διαραμένη πρὸς τὴν τῶν ὅλων θέαν; Met. VI, 1 1026 a 19: (ἐπιστήμη) θεολογική.
12 Eth. Nic. X, 7 1177 b 30.
13 Philon Nom. II, 44 p. 279 M.
14 Thomas Aq. In Met. I, 3: speculativa, libera, non humana, sed divina (68); quia ... de rebus divinis (64). Zur geschichtlichen Entwicklung dieser Begriffe vgl. L. Kerstiens, Die Lehre von der theoretischen Erkenntnis in der lateinischen Tradition, in: Phil. J. B. d. Görres-Ges. 66, 1958, S. 375–424.
15 Kant, Kritik der reinen Vernunft, Vorrede z. 2. Auflage XII, XIII.
16 A. Comte, Disc. sur l'Esprit positif, hg. v. I. Fetscher (m. deutscher Übers. und Einltg.), Hamburg 1956, S. 26 f.

17 Condorcet, Esquisse d'un Tableau Historique des Progrès de l'Esprit Humain, 2. Ed. Paris 1795, S. 326.
18 a.a.O., S. 56, 60.
19 A. Comte, Cours de Philosophie positive, 4. Ed., Paris 1877, S. 22 f.
20 K. Marx, Thesen über Feuerbach, 11. These.
21 Vgl. hierzu Schelsky, a.a.O., S. 21 f.
22 J. G. Fichte, Deduzierter Plan einer zu Berlin zu errichtenden Höheren Lehranstalt (1807), jetzt in der großen und vorzüglichen Sammlung von Dokumenten zur Geschichte der Friedrich-Wilhelm-Universität zu Berlin, die in Zusammenarbeit mit W. Müller-Lauter und M. Theunissen W. Weischedel herausgegeben hat: Idee und Wirklichkeit einer Universität, Berlin 1960, S. 30 ff.
23 a.a.O., S. 42.
24 W. v. Humboldt, Über die innere und äußere Organisation der Höheren Wissenschaftlichen Lehranstalten in Berlin (1809 oder 1810), a.a.O., S. 193 ff.
25 Vgl. das Verzeichnis der zu besetzenden Lehrstühle, in: Th. A. H. Schmalz, Denkschrift über die Errichtung einer Universität in Berlin (22. 8. 1807), a.a.O., S. 14.
26 G. W. F. Hegel, Rede zum Antritt des Philosophischen Lehramtes an der Universität Berlin (22. 10. 1818), in: Berliner Schriften 1818–1831, hg. v. J. Hoffmeister, Hamburg 1956, S. 3 ff., jetzt auch a.a.O., S. 310 ff.
27 Vgl. hierzu jetzt J. Henningsen, Die Pädagogik vor dem Anspruch des Objektiven, in: Vjs. f. Wiss. Pädagogik 37, 1961, S. 161 ff.
28 Zur Entstehung der Geisteswissenschaften, zur Begriffsgeschichte des Terminus vgl. E. Rothacker, Einleitung in die Geisteswissenschaften, Tübingen 1920, und Logik und Systematik der Geisteswissenschaften (als Sonderausg. aus d. Hdbuch d. Philos., Abt. II), Bonn 1947. Hier zum Terminus S. 4 ff. Die im Text hierfür gegebenen Belege sind dieser reichen und unübertroffenen Darstellung entnommen. – In einer neuen Wendung erörtert H. G. Gadamer das Problem der Geisteswissenschaften in seinem Buch: Wahrheit und Methode, Grundzüge einer philosophischen Hermeneutik, Tübingen, 1. A. 1960, indem er nicht mehr nur die den Geisteswissenschaften eigentümliche Methode von der der Naturwissenschaften abhebt, sondern die in ihnen erschlossene Weise, Wahrheit zu erfahren, ihrer methodologischen Begründung entgegensetzt.
29 Auch die Naturwissenschaften werden bis in das Zeitalter der Französischen Revolution hinein von Privatgelehrten, Politikern, Schriftstellern usf. getragen. Sie schaffen sich als eine »société policée« im Sinne Voltaires die Akademien und stehen in persönlichen, auf umfängliche Korrespondenz verwiesenen Kreisen miteinander in Verbindung und setzen sich immer scharf gegen die alten Universitäten und ihre »Schulwissenschaft« ab. Die neue mit der Naturwissenschaft verbundene Philosophie zieht in

Deutschland überhaupt zuerst mit Kant in die Universität ein. Zur Entwicklung des Verhältnisses der »neuen« Wissenschaft zur Universität im England des 18. Jahrhunderts vgl. E. Mertner, Tradition und Reform in den englischen Universitäten des ausgehenden 18. Jahrhunderts, in: Festschrift f. Th. Spira, Heidelberg, S. 381 ff.

30 Vgl. M. Lenz, Geschichte d. Königl. Friedrich-Wilhelms-Universität zu Berlin II, I Halle 1910, S. 253.

31 2 Bde. Innsbruck 1860/63, 2. A. 1878.

32 Jetzt in: Weischedel, Idee und Wirklichkeit einer Universität, S. 457 ff., vgl. S. 462 f.

33 Für die Hinweise zur Archäologie und Kunstgeschichte habe ich Herrn Wegner und Herrn Imdahl zu danken. Zur Geschichte der Altertumskunde vgl. M. Wegner, Altertumskunde, München 1951, bes. S. 103 ff.

34 F. Schnabel, Vorabdruck aus dem nicht mehr erschienenen Bd. 5 der Deutschen Geschichte im 19. Jahrhundert, in: »Frankfurter Allgemeine Zeitung« vom 17. 12. 1957.

35 L. Budde, Göreme. Höhlenkirchen in Kappadokien (m. Aufnahmen v. W. Schamoni), Düsseldorf 1958.

36 Hegel, Grundlinien der Philosophie des Rechts, § 189 Z.

37 a.a.O., § 188.

38 a.a.O., §§ 182, 184 Z.

39 Vgl. § 190.

40 § 247.

41 Zum philosophischen Gebrauch des Begriffs der »Kompensation« vgl. O. Marquard, Skeptische Methode im Blick auf Kant, Freiburg, München 1958, S. 20, 31.

42 Als Beispiel für die Bewegung, in der ein Altes verlassen wird, um dann als »Historisches« denkwürdig und museal bewahrt zu werden, kann das Geschick des Goethe-Hauses am Hirschgraben in Frankfurt gelten. Frau Rat Goethe zieht aus dem alten Haus aus, verkauft die Möbel, sogar die Weine des Kellers und begreift in der neuen Wohnung, in »Luft, Licht und Sonne« nicht mehr, wie sie »45 Jahre lang auf dem Hirschgraben habe wohnen können«. Dann folgt die »Merkwürdigkeit« des Historisch-Werdens. »Um dieselbe Zeit, als bis auf den Dichter alle dahingegangen waren, ... begann der Ruhm dieser Straße und ihres Hauses erst recht zu strahlen.« Die von Frau Goethe fortgegebenen alten Möbel und Einrichtungsgegenstände wandern nach 1860 – nunmehr »historisch« geworden – in das Haus zurück, das jetz Museum und Gedenkstätte ist und nach der Zerstörung im Zweiten Weltkrieg Stein um Stein getreu wieder aufgebaut wird. Vgl. F. Schnabel a.a.O., E. Beutler, Essays um Goethe, 3. A.) Band I, Wiesbaden 1946, S. 28 ff.; z. o. Gesagten s. S. 65 ff. Zu der dieser Bewegungsform zugehörigen »Dialektik des Musealen« vgl. K. Gründer, in: Wort und Wahrheit 10, 1955, S. 791 ff.

6. Landschaft

Zur Funktion des Ästhetischen in der modernen Gesellschaft

1 Brief an Diogini da Borgo San Sepolcro, in: Familiarum Rerum Libri IV, 1 Ed. Naz. d. op. di Fr. Petrarca X (Le Familiari ed. p. c. di Vitt. Rossi t. I), Firenze 1933, S. 153–161, jetzt leicht in deutscher Übersetzung zugänglich in »Petrarca, Dichtungen, Briefe, Schriften«, ausgew. u. eingel. v. H. W. Eppelsheimer (Fischer-Bücherei) 1956, S. 80 ff.
Petrarcas Vater läßt sich, aus der Vaterstadt vertrieben, nach langem Wanderleben in Avignon nieder. P. verbringt mit seiner Mutter und mit seinem Lehrer da Prato die Kinderzeit in dem nahe gelegenen Carpentras und kehrt nach Studienjahren in Montpellier nach Avignon zurück. Zum biographischen Zusammenhang vgl. H. W. Eppelsheimer, P., Frankfurt 1934, S. 1 ff.; U. Bosco, F. P., Bari 1961, S. 273 ff. Vgl. a.a.O., S. 153, 1: Altissimum regionis huius montem, quem non immerito Ventosum vocant, hodierno die ascendi ... ab infantia enim his in locis ... versatus sum; mons autem hic late undique conspectus fere semper in oculis est.

2 Vgl. J. Burckhardt, Die Kultur der Renaissance in Italien, 4. Abschn. Gesamtausgabe, hg. v. W. Kaegi, Bd. 5, S. 211 f. Bereits A. v. Humboldt weist auf Petrarcas Besteigung des Mont Ventoux hin, s. Kosmos II, A. 1, S. 84, S. 47. Vgl. ferner A. Mühlhauser, Die Landschaftsschilderung in Briefen der italienischen Frührenaissance (Abh. z. mittl. u. n. Gesch.) hg. von v. Below, Bd. 56) Berlin 1914, S. 3 ff.; Kenneth Clark, Landscape into Art [¹1949] 1961, S. 23 f.

3 a.a.O., S. 160, 35: hospitiolum rusticum; 153, 1: sola videndi insignem loci altitudinem cupiditate ductus.

4 a.a.O., S. 153, 2: apud Livium forte ille mihi locus occurrerat, ubi Philippus Macedonum rex – is qui cum populo Romano bellum gessit – Hemum montem thessalicum conscendit, e cuius vertice duo maria videri: Adriaticum et Euxinum fame crediderat cf. Livius XL, 21 seq. Nach dem auf Polybios zurückgehenden Bericht soll Phillipp V. 181 a. C. diese Expedition in der Absicht unternommen haben, einen »strategischen Überblick vom Pontos bis zur Adria gewinnen zu können«. Hierzu u. zum Berg Haimos (oder Haimon) vgl. Oberkummer in: Pauly-Wissowa RE. 14. Hlbbd. 2221–2226. P. versteht das Unternehmen Philipps unmittelbar im Sinne des eigenen Vorhabens; dabei zeigt sich, wie bei ihm das Bedürfnis des »Erkundens« eine dann auch in der eigenen Reflexion zurücktretende Rolle spielt: Wenn für ihn »montis illius experientia« so leicht wie beim Mont Ventoux sei, so würde er es nicht lange im Ungewissen lassen, ob man in der Tat von ihm diesen Überblick haben kann (was Livius für unmöglich hält).

5 a.a.O., S. 153, 1: multis iter hoc annis in animo fuerat.

6 a.a.O., S. 153, 3: excusabile visum est in juvene privato quod in rege sene non carpitur.

7 a.a.O., S. 154, 7.

8 a.a.O., S. 155, 9–156, 15: a corporeis ad incorporea volucri cogitatione transiliens ... equidem vita, quam beatam dicimus, celso loco sita est ... arcta, ut aiunt, ad illam ducit via (cf. Matth. 7, 14) ... quod corporis motus in aperto sunt, animorum vero invisibiles et occulti ... in summo finis est omnium et viae terminus, ad quem peregrinatio nostra disponitur ... quod totiens hodie in ascensu montis huius expertus es, id scito et tibi accidere et multis accedentibus ad beatam vitam.

9 a.a.O., S. 157, 17.

10 a.a.O., S. 158, 26: Confessionum Augustini librum quem habeo semper in manibus.

11 »Et eunt homines mirari alta montium et ingentes fluctus maris et latissimos lapsus fluminum et Oceani ambitum et gyros siderum et relinquunt se ipsos nec mirantur ...« (Conf. x, 8. 15. Die Sätze stehen bei Augustinus im Zusammenhang der Lehre von der memoria. Das Selbst und sein erinnerndes Gedächtnis seien im Vergleich zur »äußeren« Natur das Größere, sofern Berg, Meer, Strom und Gestirn, die ich sehe, und der Ozean, von dem ich nur durch Hörensagen weiß (credidi), innerlich im Gedächtnis in der gleichen gewaltigen Ausdehnung ohne sinnliche Vermittlung gegenwärtig zu sein vermögen, in welcher ich sie »außen« zu sehen vermag. Die Sätze haben also bei Augustinus nichts mit Naturgenuß und Naturbetrachtung zu tun; sie machen den ontologischen Vorrang des Unkörperlichen über das Körperliche und sinnlich vermittelte Außenweltliche geltend. Petrarca dagegen liest die Stelle allein im Blick auf seinen Versuch, die Bergbesteigung als Form des Aufstiegs der Seele zum Gipfel seligen Lebens zu deuten. Er wird für ihn durch die Confessiones in Frage gestellt. Die Zuwendung zur Natur als Landschaft läßt sich nicht in die innerliche Bewegung des Selbst aufheben und als Form der Erhebung begreifen, in welcher die Seele innerlich zu Gott vom Körperlichen zum Unkörperlichen aufsteigt.

12 a.a.O., S. 159, 28: jampridem ab ipsis gentium philosophis discere debuissem nihil praeter animum esse mirabile.

13 a.a.O., S. 160, 33.

14 Hierzu und zum Begriff der »Theorie« (θεωρία, ἐπιστήμη θεωρητική) vgl. J. Ritter, Die Lehre vom Ursprung und Sinn der Theorie bei Aristoteles, Arb. gem. für Forschung, Schriftenreihe Geisteswiss., Bd. 1, S. 32 ff. Dort auch die Belege für das Folgende.

15 z. B. Aristoteles, Met. I, 3 983 b 8–17.

16 z. B. Met. 1026 a 19.

17 Cicero Tusc. v, S. 8 f.

18 Nom. II 44 p. 279 M.

19 Tract. de Jesu 29, III 867 C: Invenitur ... contemplator non in quolibet loco, sed in templo.

20 Ennarr. i. Ps. 148, 15: omnium pulchritudo quodam modo vox eorum est confidentium Deum cf. Ep. 138, 5: universi saeculi pulchritudo ... velut magnum carmen cuiusdam ineffabilis modulatoris. Conf. v, 1; x, 6; xi, 4.

21 Aristoteles, Met. I, 2 982 b 24 seq.: δι' οὐδεμίαν αὐτὴν ζητοῦμεν χρείαν ἑτέραν ... οὕτω καὶ αὕτη μόνη ἐλευθέρα οὖσα τῶν ἐπιστημῶν. cf. De Mundo 1 391 a 1 seq.: θεῖόν τι ... φιλοσοφία ἔδοξεν εἶναι ... μόνη διαραμένη πρὸς τὴν τῶν ὅλων θέαν.

22 De Doctr. Christ. I, 4; es gilt grundsätzlich: utendum est hoc mundo, non fruendum cf. De Div. Quaest. LXXXIII, 30; De Civ. Dei XI, 25.

23 Das »sola videndi cupiditate ductus« bei Petrarca (153, 1) entspricht unmittelbar der »Liebe zum Sehen ohne jeden Bezug auf Nutzen« (ἡ τῶν αἰσθήσεων ἀγάπησις ..., χωρὶς τῆς χρείας), mit der Aristoteles Met. I, 1 980 a 22 die Zugehörigkeit der Theorie zum Menschsein begründet.

24 K. Clark, a.a.O., S. 23.

25 Die Nichtidentität der Natur als Landschaft mit der Natur des ländlichen Daseins wird in der Geschichte der Landschaft und ihrer Deutung immer wieder einmal geltend gemacht. So P. Cézanne in einem Gespräch mit J. Gasquet (in: J. Gasquet, Cézanne, Paris 1926, P. II, Ce qu'il m'a dit p. 145; deutsch unter d. Titel: P. Cézanne, Über die Kunst. Gespräche mit J. Gasquet, übers. v. E. Glaser, hg. v. W. Hess, Hamburg 1957, S. 20 f.): »Bei den Landleuten habe ich manchmal gezweifelt, ob sie wissen, was eine Landschaft, was ein Baum ist ... Der Bauer, der auf dem Markt seine Kartoffeln verkaufen will, hat niemals den Saint Victoire gesehen ... Sie wissen, was da gesät ist, hier, da am Wege entlang, wie morgen das Wetter sein wird, ob Saint Victoire seinen Hut hat oder nicht, ... aber daß die Bäume grün sind, und daß dies Grün ein Baum ist, daß diese Erde rot ist, und daß dies rote Geröll Hügel sind, ich glaube wirklich, daß die meisten es nicht fühlen, daß sie es nicht wissen außerhalb ihres unbewußten Gefühls für das Nützliche.«

M. J. Friedländer (Essays über Landschaftsmalerei, Den Haag 1947, S. 12) weist im gleichen Sinne darauf hin, daß »die Menschheit weit entfernt von dem Zeitalter war, in dem sie ausschließlich von Viehzucht, Jagd und Landbau gelebt hatte, als ihr Blick auf Erde und Himmel seelische Regungen weckte und die Lust, diese Regungen bildlich zu bannen«, während der Bauer das Land kenne, das er bearbeitet, von der Landschaft aber »kaum berührt« werde. Die »genießende Schau« könne nicht aufkommen, wo »Not und Nutzen vorwalten«.

26 Hesiod, Theogonie 1 seq.; 22 seq.; 30 seq.

27 Vom werkenden ländlichen Dasein ausgehend, hat M. Heidegger die ihm zugehörige (vorästhetische wie vortheoretische) »ursprüngliche« Ge-

gebenheit des von Natur Seienden als »Zuhandenheit« gegen die Reduktion von Gegebenheit überhaupt auf Perzeption gestellt. Vgl. Sein und Zeit, Halle 1927, § 15. J. Trier macht im gleichen Sinne die Herkunft der Namen von natürlichen Dingen aus der Werkgebundenheit geltend: »Viele natürliche Dinge dieser Welt werden benannt nach menschlichen Bedürfnissen, Nöten, Wünschen und Nutzungen. Sie bieten sich dar als eingebettet und verschlungen in die Not- und Werkwelt. Geistig sind sie gehandhabte Bestandteile des menschlichen Tätigkeitsraumes. Es dauert lange, bis sie daraus entlassen werden. Und auch wenn sie daraus entlassen sind, tragen sie in ihren Benennungen, etymologisch durchschaubar, die Spuren ihrer alten Werkgebundenheit an sich. Neuere etymologische Forschung hat es sich zum Grundsatz gemacht, den wortgebenden Menschen sich nicht als einen vorzustellen, der die Dinge betrachtet, sondern als einen, der mit ihnen wirkend, hoffend, sorgend umgeht« (Versuch über Flußnamen, Arb. gem. f. Forschung Geisteswiss., Bd. 15, Köln-Opladen 1960, S. 6 f.). Die Einsicht, daß das Gegebene zuerst in die an die Werkwelt gebundene Natur eingelassen ist, macht erst die Frage möglich und sinnvoll, was der nicht praktisch vermittelten und so »freien« theoretischen und ästhetischen Zuwendung zur Natur zugrunde liegt und was sie als Phänomen des Geistes hervortreibt.

28 Neun Briefe über Landschaftsmalerei, geschrieben in den Jahren 1815 bis 1824, hg. u. m. e. Nachwort begl. v. K. Gerstenberg, Dresden o. J., S. 36, 48, 50, 24, 44. Die Natur, die »als solche notwendig und durchaus schön« sei, werde als schön »um so mehr erkannt . . ., je mehr die Göttlichkeit ihres Wesens sich offenbart« (52). Wie »Himmel« sind »Luft« (πνεῦμα), »Äther«, »Licht« (vgl. H. Blumenberg, Licht als Metapher in: Stud. Gen. 10, 1957, S. 432 ff.) nicht anders als die von Carus aufgenommenen philosophischen Begriffe spekulativer und theologischer Herkunft, auch wenn sie in der Kunsthistorie wesentlich nur als Elemente der Sichtbarkeit und Darstellung genommen werden. Aus dieser Herkunft lebt ihre ästhetische Bedeutung. Das Aufkommen der Landschaft stellt so vor die Frage, was es heißt, daß das ursprünglich allein durch den Begriff der Theorie Vermittelte nunmehr nach ästhetischer Vergegenwärtigung verlangt.

Selbst die ästhetische Beachtung der kleinen, gewöhnlichen und unscheinbaren Dinge (Stilleben) kann so aus dem Zusammenhang des metaphysischen Himmels leben. Vgl. die Verse, die Goethe einer Mappe von Zeichnungen für Merck beigibt: »Gott geb' dir Lieb' zu dem Pantoffel / Ehr' gib jeder krippligen Kartoffel / Erkenne jedes Dings Gestalt / Sein Leid und Freud, Ruh und Gewalt / Und fühle, wie die ganze Welt / Der große Himmel zusammenhält.« Ladendorf macht (Geographie, Kartographie und neuere Kunst, in: Wallraf-Richartz-Jahrbuch 24, 1962, S. 384) auf die Bedeutung des Turmes aufmerksam, der »eine uni-

versalgeschichtliche Schicht, eine Qualität mehr« habe, als ihm allgemein zugebilligt werde. Er sei wie das Mal »groß«, nicht nur soweit man ihn sieht, sondern auch, soweit man von ihm sehen und herrschen kann. Auch der Turm als Ort des Sehens gehört, wenigstens mittelbar, in den Zusammenhang der metaphysischen Tradition. »Spekulation« kommt nicht von speculum (Spiegel) her, sondern von »speculatio«: Ausspähen, Auskundschaften, und von »speculator«: Kundschafter (vgl. Spiegelturm, in Münster noch als Straßenname). Daher kann Nicolaus von Cues die cognitio speculativa der docta ignorantia ausdrücklich als Turmerkenntnis von dem diskursiven Erkennen unterscheiden, in dem der Mensch wie ein Jagdhund den Spuren über den Acker hin folgt, die er vom hohen Turm des Spekulativen auf einmal und als Ganzes zugleich erblickt: » . . . attenderem doctam ignorantiam sic aliquem ad visum elevare quasi alta turris. ›Videt enim ibi constitutus id quod discursu vario vestigialiter quaeritur per in agro vagantem . . .‹ (Apol. doct. ign., ed. Klibansky 1932, S. 16: 1 seq.), cf. uti venaticus canis utitur in vestigiis . . . discursu sibi indito« (ib. 14; 25 seq.).
1895 schreibt Fritz Overbeck zum Worpsweder Himmel: »Was hülfen uns unsere Strohhütten, Birkenwege und Moorkanäle, wenn wir diesen Himmel nicht hätten, welcher alles, selbst das Unbedeutendste adelt, ihm einen unsagbaren Reiz verleiht« (mitgeteilt v. F. Overbeck (dem Sohne des Malers) in: Stud. Gen. 3. 1950, S. 206). Die fortwirkende Mächtigkeit der metaphysischen Tradition im Felde des Ästhetischen und die Umsetzung ihrer Begriffe in eine ästhetisch vermittelte Gegenwart schließen die Bewegung ein, in welcher das, was ästhetisch die Gegenwart des metaphysischen und theologischen Gegenstandes vermittelt, dann auch im dialektischen Umschlag zur Sichtbarkeit seiner Abwesenheit werden kann. Baudelaire spricht in »Paysage« von den Himmeln, die von der Ewigkeit träumen lassen: »Coucher auprès du ciel comme les astrologues . . . Je verrai . . . les grands ciels, qui font rêver d'éternité.« In »Irréparable« wird gefragt: »Peut-on illuminer un ciel bourbeux et noir?« Hierzu gehört: »L'Irréparable . . . attaque ainsi que le termite par la base le bâtiment.«

29 Kritik der praktischen Vernunft WW Akademie V, S. 161. Kant kommt in der Kritik der Urteilskraft auf das Verhältnis von Himmel und Sittengesetz zurück. Es schließe eine »Ähnlichkeit« der moralischen Stimmung im Gemüt zum Gefühl für das Erhabene der Natur und so eine ästhetische Vermittlung ein (vgl. a.a.O., S. 266ff.). Wo die »Idee«, das »Übersinnliche«, die »absolute Totalität« nicht mehr dem vernünftigen Begriff der philosophischen Theorie zugänglich sind und wo wir diese nach der Einschränkung des wissenschaftlichen Begriffs auf mögliche Erfahrung »nicht bestimmen und erkennen«, sondern nur noch »denken« können, hat ihre Vergegenwärtigung das ästhetische Fühlen übernommen. Daher kön-

nen auch Natur als »Darstellung derselben« und Welt als Weltordnung in ihrem Verhältnis zum Sittengesetz allein noch im sinnfälligen »Anblick des bestirnten Himmels« als »erhaben« ästhetisch vergegenwärtigt werden. Kants ästhetische Theorie ist so in einem epochalen Sinne die Bestätigung der Herkunft der Natur als Landschaft aus der Tradition der philosophischen Theorie. Mit Kant erreicht die Geschichte der Landschaft die Stufe, auf welcher die Darstellung des »Übersinnlichen« der Natur dem Vernunftbegriff entzogen ist; ihre »Contemplation« hat sich daher in die ästhetische Betrachtung transformiert. Diesen Übergang vom spekulativen zum ästhetischen Weltbegriff hat jetzt O. Marquard in seiner grundsätzlichen Bedeutung dargestellt, vgl. Kant und die Wende zur Ästhetik, in: Zs. f. philos. Forschung 16, 1962, S. 243 ff., S. 363 ff.

30 Briefe, deutsche Ausg. bes. v. M. Mauthner, Berlin o. J., S. 53.

31 Es bleibt merkwürdig, daß dies Scheitern von J. Burckhardt in seiner Darstellung nicht beachtet wird. Das hat zur Folge gehabt, daß die Doppelheit von Kontinuität und Abbruch im Verhältnis der ästhetischen Landschaft zur philosophischen Theorie der Natur nicht beachtet worden ist, obwohl sie für ihre Entdeckung seit Petrarca entscheidend wird.

32 Platon, Pol. VII, 523 a seq.; Theait. 155 d; Plotinos Enn. I, 3, 2, 3 seq. (Zeilenzählung von Bréhier): χωρὶς δε ὢν ἀδυνατεῖ καταμαθεῖν, πληττόμενος δὲ ὑπὸ τῶν ἐν ὄψει καλῶν.

33 Im Neuplatonismus wie bei Augustinus erhält das die Form, daß der Geist das Sinnfällige hinter sich läßt und zum Geist als zum Unsichtbaren aufsteigt cf. Plotinos Enn. I, 3, 2, 12 seq.: ἀναβαίνειν ἐπὶ νοῦν, ἐπὶ τὸ ὄν; V, 9, 3, 25 seq.: ἀναβήσεται ἐπὶ νοῦν ποιητὴν ὄντως καὶ δημιουργόν.
Bei Augustinus heißt es formelhaft im Anschluß an Röm. 1, 20: invisibilia Dei per ea quae facta sunt intellecta conspicere. De Doctr. Christ. I, 4 legt dies aus: hoc est, ut de corporalibus temporalibusque rebus aeterna et spiritualia capiamus.

34 Über naive und sentimentalische Dichtung WW Saek. Ausg. 12, 179, vgl. hierzu A. v. Humboldt, Kosmos II, S. 6 f.

35 Im Zusammenhang der Unterscheidung von uti und frui wird von Augustinus in einem Vergleich der »Pilgerschaft« des Menschen mit einer Reise in das »Vaterland des seligen Lebens« auch die Freude an den »amoenitates itineris« als Verstrickung durch eine »verkehrte« Süße und als Entfremdung von dem Vaterland, »cuius suavitates facerent beatos«, verworfen. Cf. De Doctr. Christ. I, 4.

36 T. S. Eliot, The Dry Salvages, I, Gesammelte Gedichte 1909–1962, sh. Bd. IV, Frankfurt 1972, S. 303.

37 G. Simmel (Philosophie der Landschaft in Brücke und Tür, hg. v. M. Landmann, Stuttgart 1957, S. 141 ff.) geht ebenfalls davon aus, daß Landschaft in einem »eigentümlichen geistigen Prozeß erst erzeugt« werde

(S. 141), in welchem unser Bewußtsein ein »neues Ganzes, Einheitliches« setze, über die Elemente hinweg und an ihre »Sonderbedeutung« nicht gebunden. Kennzeichnend für Landschaft sei so, daß mit ihr ein individuell begrenzter »Ausschnitt« aus der Natur »seinerseits als Einheit« betrachtet und so durch »Grenzen« bestimmt werde. Mit ihr werde je ein Teil aus einem Ganzen zum »selbständigen Ganzen« (S. 143). Diese Individualität ist in der Tat nicht nur für das Landschaftsbild, sondern auch für die Landschaften konstitutiv, die jeweils in die gesellschaftliche Lebenswelt hineingenommen werden. Die Landschaft Petrarcas ist der Mont Ventoux, die Rousseaus der Bieler See, die Cézannes der Saint Victoire usf.; die Geschichte der Landschaft ist die Bewegung, in der nacheinander bestimmte Bereiche der Erde ästhetisch entdeckt und sichtbar gemacht werden, so wie die Kunstgeschichte typologisch von klassischen, idealen, heroischen, romantischen Landschaften spricht. Man kann so alle zur gegenwärtigen Welt gehörigen Landschaften selbst noch in ihrer Umformung zur Reiselandschaft historisch durch diejenigen kennzeichnen, die sie ästhetisch entdeckten und ihr durch das Bild das ihr je eigentümliche Aussehen verliehen. Das der individuellen Vielfalt von Landschaften vorausliegende Problem bleibt, was es heißt, daß Landschaften mit der Neuzeit als eine bis dahin unbekannte Form der Vergegenwärtigung von Natur im Element des Ästhetischen hervorgebracht werden. H. Lützeler (Vom Wesen der Landschaftsmalerei, in: Stud. Gen. 5, 1950, S. 211) weist nachdrücklich darauf hin, daß »die künstlerische Begegnung des Menschen mit der Natur« ... in Wahrheit alles andere als »natürlich« sei und daß »unsere innere Nähe zur Landschaftsmalerei« uns »deren eigentümliche Problematik« gerade verdecke. Sie liegt geschichtlich wie sachlich darin, daß in das praktische und geistig durch die »Theorie« gesetzte Verhältnis des Menschen zur Natur ihre Vergegenwärtigung dann durch die individuelle Eigentümlichkeit eines »Ausschnittes aus der Natur« als Landschaft einbricht. Das kann nicht aus der jeweiligen Individualität der Landschaften, sondern allein aus dem Grunde begriffen werden, der dem Geist die Bildung der ästhetischen Kategorie abfordert und Bildkunst wie Dichtung die Funktion zumutet, die »ganze Natur« zu vergegenwärtigen. Das hat weder das Mittelalter noch die alte Welt gekannt. Simmel scheint in der Betonung der Individualität der Landschaft diese Funktion zunächst beiseite zu setzen: Die Landschaft werde durch »Grenzen« bestimmt, die »für das darunter in anderer Schicht wohnende Gefühl des Göttlichen, Einen, des Naturganzen nicht bestehen«. Gleichwohl wird auch von ihm gesagt, daß zur Landschaft die Präsenz der ganzen Natur gehöre. Die jeweilige Landschaft werde von dieser »umspült«; sie sei bei aller Verselbständigung von dem »dunkelen Wissen um diesen unendlichen Zusammenhang durchgeistet«. Die ganze Natur werde so zu der »jeweiligen Individualität einer Landschaft« » umgebaut« (S. 142). Sie sei in ihr immer im Element der die Einheit der Landschaft begründenden »Stimmung« gegenwärtig (S. 149 f.).

38 Christian Cay Lorenz Hirschfeld (1765/1767); Ch. Aeby (1865), zit. nach: Berner Oberland, Merian 15, 7, 1962, S. 74 f., S. 77 f.

39 A. v. Humboldt, Kosmos. Entwurf einer physischen Erdbeschreibung, 2 Bde., Stuttgart o. J. Vgl. zum Folgenden I, VII f., I, X f., I, S. 5 ff., II, S. 4 ff., II, S. 67. Landschaft ist in der für sie konstitutiven Beziehung auf den aus der Innerlichkeit der Subjektivität hervorgehenden »Naturgenuß, der aus Ideen entspringt« (I, 11; vgl. II, 47: »geheimnisvolle Analogie zwischen den Gemütsbewegungen und den Erscheinungen der Sinnenwelt«) für v. Humboldt ebenfalls durch ihren »individuellen Charakter«, so im Zusammenfließen der Umrisse von Wolken, Meer und Küsten«, »Schönheit der Pflanzenformen und ihrer Gruppierungen« (I, 6) und durch die »Naturphysiognomie« gekennzeichnet, welche, »jedem Himmelsstriche« ausschließlich zukommend, im »dunklen Gefühl eines lokalen Naturcharakters ... den Totaleindruck einer Gegend« bestimmt (II, 66). Das wird dann für die Geographie wichtig. Während die ältere Geographie noch nahezu gänzlich von dieser Humboldtschen Bestimmung abhängig bleibt und sowohl vom physiognomischen Charakter der Landschaft wie von der für sie konstitutiven Beziehung auf den Betrachter und seinen Standort in einer »physiognomischen Landschaftsbetrachtung« ausgeht (so noch Friedrich Ratzel, Über Naturschilderung, 1904), wird Landschaft im wissenschaftlichen geographischen Sinn später aus dem Zusammenhang des »Subjektiven« und des »Ästhetischen« gelöst und ihr physiognomischer Begriff methodisch durch eine »möglichst wertfreie naturwissenschaftliche Definition« ersetzt. Unter »geographischer Landschaft« wird so ein »Teil der Erdoberfläche« verstanden, »der nach seinem äußeren Bilde und dem Zusammenwirken seiner Erscheinungen sowie den inneren und äußeren Lagebeziehungen eine Raumeinheit von bestimmtem Charakter bildet und der an geographischen natürlichen Grenzen in Landschaften von anderem Charakter übergeht« (C. Troll in der für den geographischen Begriff der Landschaft und seine Entwicklung grundlegenden Abhandlung: Die geographische Landschaft und ihre Erforschung, in: Stud. Gen. 3, 1950, S. 165. Nicht weniger wichtig ist die im gleichen Heft des Stud. Gen. erschienene Arbeit von H. Lehmann, Die Physiognomie der Landschaft, S. 182 ff.). Mit dieser Definition soll nach Troll die möglichst eindeutige Abgrenzung einer »geographischen« oder »natürlichen« Landschaft von »Ländern« gesichert werden, sofern diese »politisch oder verwaltungsmäßig umgrenzte, zum Teil historische Territorien oder von bestimmten Völkern bewohnte Gebiete« sind (a.a.O., S. 165). Diese Abgrenzung wird notwendig, weil »Landschaft« in einer älteren Bedeutung des Wortes bis heute ohne Zusammenhang mit ihrem ästhetischen Begriff politische Landstände, so z. B. in Westfalen und Friesland, bezeichnet, und in Preußen die seit

der Mitte des 18. Jahrhunderts entstehenden örtlich begrenzten landwirtschaftlichen Kreditvereine v. a. der Gutsbesitzer »Landschaften« hießen. Die Unterscheidung von Landschaft und Land in der Geographie schließt ein, daß ihr Landschaftsbegriff durch die Vermittlung v. Humboldts aus der ästhetischen Sphäre herkommt und in der Auseinandersetzung mit ihr gebildet wird.

H. Ladendorf (a.a.O., S. 381) weist auf den Zusammenhang von Kunst und Kartographie hin. Er bestehe seit alters. Dem äußeren Tatbestand, daß häufig »Kartograph und Künstler identisch« sind, entspreche geistig, daß diese Beziehung von Kunst und Geographie im Bereich der »Kosmologie als eines zeitlich überzeitlichen Weltverständnisses« gründe.

40 v. Humboldt spricht (a.a.O., I, 15) von den »Besorgnissen über den Verlust eines freien Naturgenusses unter dem Einfluß denkender Betrachtung oder wissenschaftlicher Erkenntnis«.

41 Das wird im Sinne von Kant begründet, vgl. a.a.O., I, 45: »Die Vielheit der Erscheinungen des Kosmos in der Einheit des Gedankens, in der Form eines rein rationalen Zusammenhanges zu umfassen, kann meiner Einsicht nach bei dem jetzigen Zustande unseres empirischen Wissens nicht erlangt werden«, vgl. I, 47: »wenn uns so ... auch das Ganze unerreichbar ist«.

42 vgl. I, 43 und I, 52 f. Anm. 3.

43 Schiller, Die Götter Griechenlands.

44 J. Gasquet a.a.O. in der deutschen Übersetzung von Glaser, hg. v. W. Hess, Hamburg 1957, S. 27 f. Vgl. ferner Gasquet a.a.O., II, 135: La délicatesse de notre atmosphère tient à la délicatesse de notre esprit ... la couleur est le lieu où notre cerveau et l'univers se rencontrent.

45 Brief von 1882 Nr. 228 i. d. Zählung der Gesammelten Briefe, hg. v. Johanna van Gogh-Banger, Amsterdam-Antwerpen 1952–1954.

46 R. M. Rilke, Briefe, hg. v. Rilke-Archiv in Weimar, Bd. II (Wiesbaden 1950), S. 483. Franz Marc in einem Brief v. 8. 4. 1915 (Briefe, Aufzeichnungen und Aphorismen, Berlin 1920, S. 48): Ich habe auch gar nie das Verlangen, z. B. die Tiere zu malen, wie ich sie ansehe, sondern wie sie sind (wie sie selbst die Welt ansehen und ihr Sein fühlen). A.a.O., S. 124: Jedes Ding auf der Welt hat seine Formen, seine Formel, die nicht wir erfinden, die wir nicht mit unseren plumpen Händen abtasten können, sondern die wir intuitiv in dem Grade fassen, als wir künstlerisch begabt sind ... Wir Künstler alle, weshalb suchten wir ewig die metamorphen Formen? die Dinge, wie sie wirklich sind, hinter dem Schein?

Paul Klee, Schöpferische Konfession, Berlin 1920: Kunst gibt nicht das Sichtbare wieder, sondern macht sichtbar.

47 Aesthetica § 6: philosophus est homo inter homines neque bene tantam humanae cognitionis partem alienam a se putat.

48 a.a.O., § 423.

49 a.a.O., § 560: Quid enim est abstractio, si jactura non est?
50 Meditationes de Prima Philosophia III, 39–40 WW. Adam-Tannéry VII, 39.
51 Aesthetica § 429: veritas logica ... non nisi per intellectum cogitata ... supra horizontem aestheticum constituta ... Eclipsin annularem anni praeterlapsi cogita tecum, astronomus non physicus solum, sed et mathematicus, aut cum astronomis; eandem autem cogita, pastor, vel sodalibus vel tuae Neaerae: ohe! quot vera cogitasti prius, nunc omnino praetermittenda.
52 Kritik d. Urteilskraft I, 2 Allgemeine Anmerkung ... WW Akad. V, S. 266 ff., vgl. hierzu oben A. 29; v. Mieses (Ernst Mach und die empiristische Wissenschaftsauffassung [Einheitswiss., hg. v. Neurath, H. 7], s'Gravenhage 1938, S. 3 f.) nennt es die Grundlage der modernen Lebensauffassung, daß es »zweierlei Welten gibt, die eine, die unsere Sinne wahrnehmen ... und dahinter die wahre wirkliche Welt, in die nur der Scharfblick des Gelehrten hineinleuchtet«.
53 Neun Briefe über Landschaftsmalerei, S. 16.
54 a.a.O., S. 53. Die ästhetische Entdeckung der Landschaft wird so von Carus auch als Heilmittel gegen die »Künstlichkeit unserer sozialen Denkweisen« und überhaupt gegen die »künstliche Natur« verstanden. Vgl. Carus, Psyche, ausg. u. eingel. v. L. Klages, Jena 1926, S. 238 f.: »Wer auf diese Dinge genauer Achtung gibt, wird sich dann leicht überzeugen, daß jenes erst in unserer Zeit hervorgetretene Bestreben, sich zeitweise wie zu einer Art von Naturadoration hinauszustürzen in Wälder und Berge, in Täler und auf Felsen, wirklich gleichsam eine Art von Instinkt ist, um sich ein Heilmittel zu suchen gegen die Krankheit des künstlichen Lebens und die Einwirkung desselben auf geistige Entwickelung.« Carus spricht hier zwar die Sprache der romantischen Distanzierung von der modernen »künstlichen« Welt, doch schließt das, was er sagt, das Allgemeine ein: die Entzweiung zwischen der »objektiven« Natur, die Wissenschaft und gesellschaftliche Praxis setzen, und der Natur als Lebenswelt. Zu dieser Entzweiung gehört in der modernen Gesellschaft die Bewegung des Naturschutzes. Die ursprüngliche und freie Natur soll gegen die Einbeziehung in die objektive Natur der Nutzung geschützt werden. Sie wird durch Gesetz dem Prozeß ihrer nutzenden Objektivierung entzogen.
55 Carus a.a.O., S. 100.
56 Schiller WW Saek. Ausg. I, S. 131 ff., vgl. I, S. 318 ff.
57 E. Bloch weist (Tübinger Einführung in die Philosophie I, 1963, S. 63 f.) auf die Verwandtschaft der »Wanderung« mit dem »Geschichtlichen sowohl in der rückwärts erblickten wie vor allem nach vorwärts mitgemachten Abfolge und Reihe« hin; er nennt Schillers »Spaziergang« ein »schönes Zeugnis« für diesen Zusammenhang. Schiller lasse hier »geschichtlich genau und blickreich« den Weg in die Landschaft zugleich in die Ge-

schichte führen, die »diese Gegenstände gebildet und umgebildet« habe. Das trifft einerseits in der Verknüpfung des Ästhetischen und Historischen ein hier wesentliches Element, läßt aber zugleich offen, wie sie sich in dieser Verknüpfung zueinander verhalten. Die Natur, in deren Anblick sich der Wanderer rettet, ist zunächst das durch Pfade und »länderverbindende Straßen« zusammengefaßte »Gefilde« ländlichen Wohnens, wie es sich – dem Anblick vertraut – in »geregelten« Feldern, Wäldern, »munteren« Dörfern, in Hütte und Herden darstellt. Zugleich aber ist diese Gefildenatur geschichtlich die an sich vergehende und im Verhältnis zum Wanderer bereits vergangene Welt eines ursprünglicheren Lebens, das »noch« in die Natur, nachbarlich mit ihr wohnend – im hesiodischen Kreislauf der Ernten und des Tagwerks eingelassen ist. Ausdrücklich wird dieser Vergangenheitscharakter der Gefildenatur geltend gemacht; es wird gesagt, daß das *noch* nachbarlich mit der Natur wohnende »glückliche Volk der Gefilde« *»noch nicht* zur Freiheit erwachet« sei. In diesem geschichtlichen Vergangensein des Gefildes gründet seine ästhetische Funktion, doch so, daß das Geschichtliche keine Selbständigkeit im Verhältnis zum Ästhetischen hat; es bildet nur das Element seiner Vermittlung. Der den Anblick der Gefildenatur suchende und sich in ihn rettende Wanderer ist seinerseits geschichtlich über sie hinaus; sie hat für ihn allein noch in ihrem Anblick als Landschaft Bedeutung; das schließt ein, daß das sich dem Anblick öffnende »Liebliche« dem Wanderer real fremd bleibt; für ihn kann sich unmittelbar auch »ein fremder Geist schnell über die fremdere Flur verbreiten«. In ihrer »Fremdheit« hat die Gefildelandschaft ästhetisch daher überhaupt nicht die Bedeutung, daß sie etwa zur Rückkehr in sie ruft oder den Gedanken, ein an sich Vergangenes wiederherzustellen, provoziert. Sie ist vielmehr in dem genauen Sinne »ästhetisch«, daß an ihr und als sie die Natur selbst (die Schiller hier die »heilige Natur« nennt) im Element des sinnfälligen Scheinens für das in diesem sich findende Gefühl gegenwärtig zu sein vermag. Einzig in dieser ästhetischen Vermittlung der »Natur selbst« wird die Gefildenatur in ihrem geschichtlichen Sein als Landschaft zum Inhalt dichterischer Aussage, ohne daß dabei ihr Vergangensein als solches thematisch wird. Das Geschichtliche im ästhetischen Verhältnis zur Gefildenatur als Landschaft ist daher hier nicht deren geschichtliche Verfassung, sondern allein die Entfremdung des Wanderers von der zum Erdenleben des Menschen gehörigen ganzen Natur, die ihn dazu treibt, in der Gefildenatur diese als die für ihn »verlorene Natur« zu suchen. Das Ästhetische der Landschaft ist so in seinem Grunde das Scheinen der an sich verlorenen ganzen Natur. Daher hat ihre jeweilige individuelle und physiognomische Bestimmtheit nur die Funktion, daß die Natur selbst an ihr im Element des Anblicks erscheint, gesagt und sichtbar gemacht werden kann. Schiller bringt dies in der Dichtung mit einer Genauigkeit zur Sprache, die bewunderungswürdig ist: Die ganze Natur biete sich darin dem Anblick dar, daß die Felder »friedlich« das ländliche Dach »umruhn«, die Rebe sich »traulich« an dem niedrigen Fenster emporrankt und der Baum »umarmend« den Zweig um die Hütte schlingt. Damit wird – in die Form ästhetischer poetischer Vergegenwärtigung übersetzt – der alte philosophische Begriff der ganzen Natur aufgenommen, in welchem sie als das alles »Umgreifende« und so in allem Gegenwärtige gedacht wird.

Für die ästhetische Konstituierung von Landschaft bleibt daher sowohl ihre jeweilige bestimmte Gestalt wie ihre geschichtliche Eigenart durchaus sekundär. Darin ist es begründet, daß die ästhetischen Landschaften, in sich ohne Halt und einander verdrängend und ablösend, geschichtlich in der Bewegung stehen, in welcher der ästhetische Sinn die Natur selbst als das je Ungesehene und Ungesagte fortgehend in immer anderen Landschaften zum Scheinen zu bringen sucht. Auch dies wird in Schillers Dichtung ausgesprochen. Im Fortgang der Wanderung wird die Vergegenwärtigung der ganzen Natur an Stelle der Gefildelandschaft von der »freien Natur« übernommen, wo im Wilden und Öden der »rohe Basalt« ist und »im einsamen Luftraum« nur der Adler noch »die Welt an das Gewölke« knüpft. Während der »Gärten und Hecken vertraute Begleitung« und mit ihnen »jegliche Spur menschlicher Hände« zurückbleiben, bietet sich jetzt dem Wanderer im Anblick der freien und wilden Natur die Natur selbst als »immer dieselbe« ästhetisch dar; sie nährt so – gegen die Besonderheit gleichgültig – überall und in allen Sphären des von Natur Seienden an »gleicher Brust« die »vielfach wechselnden Alter«; sie vereint über »dasselbe Blau« und das »nämliche Grün« die »nahen und fernen Geschlechter«.

Damit hat Schiller nicht nur den Prozeß in die Dichtung aufgenommen, in dem der ästhetische Sinn – die Natur suchend – über die bewohnte Gefildenatur hinaus in die freie, von menschlicher Hand unberührte Natur fortgetrieben wird; er hat dazu begriffen, daß der Grund dieser fortgehenden Bewegung das Verlangen ist, die Natur als sie selbst da ästhetisch zu vergegenwärtigen, wo das gegenwärtige Dasein ihr entfremdet ist und die Entfremdung ästhetisch aufzuheben sucht.

Diese *inhaltliche* Funktion des Ästhetischen macht begreiflich, warum mit der gesellschaftlichen Aneignung der durch Bildkunst und Dichtung erschlossenen Landschaften zwar einerseits die Lebenswelt der Gesellschaft um die Dimension eines freien, genießenden Verhältnisses zur Natur erweitert wird, zugleich aber die dann vertraut gewordenen und eingebürgerten Landschaften aus der Sphäre ästhetischer Repräsentation heraustreten müssen. Ihre Sichtbarkeit, ihr Aussehen wie ihre sprachliche Darstellung bleiben auch nach ihrer gesellschaftlichen Aneignung fest auf die Form fixiert, in welcher sie einmal ästhetisch entdeckt wurden. Das schließt aber zugleich ein, daß ihre fortbestehende, ursprünglich ästhetisch vermittelte

Gegebenheit nicht mehr das Ungesagte und Ungesehene der Natur selbst zum Scheinen zu bringen vermag. Noch in der Reise- und Touristenlandschaft lebt nachklingend ihre ursprüngliche ästhetische Funktion nach. Die Sprache, in der sie angepriesen wird, gewinnt die Kraft der Werbung aus der euphorischen Potenz des Hinausgehens, des freien genießenden Anschauens wie des Glücks und des Beisichselbstseins in einer »romantischen« und »malerischen« Landschaft. Sie borgt so ihren Glanz von der Substanz der ursprünglich ästhetischen Repräsentation. In die Sphäre der »Erholung« (das Wechselspiel von Erholung und Glück des Beisichselbstseins im Felde der schönen Künste hat Aristoteles Polit. 8, 3 1337 b 22 seq. zum Element der Theorie der Musik gemacht) und »Freizeit« übersetzt, werden die ursprünglich ästhetischen Begriffe und Orte der Landschaft wie Berg und Gefilde zum Element, in dem Landschaft sich jetzt als Erholungslandschaft darstellen kann. Ihre Zeit wird in Annoncen als »good time« angeboten: »What's your idea of a good time? – If you enjoy picknicking on a mountain top, exploring quiet side-roads to picturesque fishing villages, strolling among scenes of colonial history or just dreaming under an appel-tree.« Das für die Landschaft ästhetisch konstitutive »Schauen« kann etwa in dieser Form wiederkehren: »Highways bring the finest landscape within easy reach of your camera.«
In solchem Fortbestehen verlieren notwendig die angeeigneten Lanschaften jede ästhetische Funktion, gerade weil sie noch erkennbar die Zeichen ihrer ästhetischen Herkunft tragen. Sie werden daher zum Gegenspieler, gegen den sich die ästhetische Landschaft – die erworbene Vertrautheit mit der Natur negierend – durchsetzen muß. So hat Rilke 1902 im Bruch mit der »kurzsichtigen Wahrscheinlichkeit des Romantikers, der verschönt, indem er schaut«, die Funktion der Landschaft als Vergegenwärtigung der *fremden* Natur verstanden (»Von der Landschaft« und »Worpswede« [Einleitung], Ausgew. WW, hg. v. Rilke-Archiv, Bd. II, S. 221 ff.; S. 227 ff.). Die Voraussetzung, die den Weg in die Landschaft erst öffnet, sei in der Trennung von der heimischen Natur die Wende, sich »der Welt so weit zu entwöhnen, um sie nicht länger mit dem voreingenommenen Auge des Einheimischen zu sehen, der alles auf sich selbst und seine Bedürfnisse anwendet« (S. 225). Wer die »Geschichte der Landschaft« schreibt, befände sich daher »zunächst hilflos preisgegeben dem Fremden« (S. 228). Während unsere Väter noch in die Wälder wanderten und Berge und Burgen brauchten, »um sich zu finden«, könnten wir zwar noch die Schlösser und Schluchten verstehen, bei deren Anblick sie wuchsen, aber zugleich sei es so, daß wir uns dabei »wie in etwas altmodischen Zimmern« fühlen, »in denen man sich keine Zukunft denken kann« (S. 242): wir kommen mit ihrem Anblick nicht weiter. Daher erhält für Rilke das ästhetische Verhältnis zur Natur als Landschaft den Sinn, daß gerade die Vertrautheit der heimischen Natur aufgehoben und diese als die *fremde Natur*

gesehen wird, deren Leben nicht unser ist und die an uns nicht teilnimmt: »Denn gestehen wir es nur: Die Landschaft ist ein Fremdes für uns und man ist furchtbar allein unter Bäumen, die blühen und unter Bächen, die vorübergehen. Allein mit einem toten Menschen ist man lange nicht so preisgegeben wie allein mit Bäumen. Denn ... geheimnisvoller noch ist ein Leben, das nicht unser Leben ist, das nicht an uns teilnimmt und gleichsam ohne uns zu sehen, seine Feste feiert, denen wir ... wie Gäste, die eine andere Sprache sprechen, zusehen« (S. 228 f.). Während sich die ältere Landschaftskunst an die Gefildenatur hielt, um im Element ihrer Vertrautheit die umruhende ganze Natur zu vergegenwärtigen, hat für Rilke Landschaftskunst es seit Théodore Rousseau, Millet und mit den Worpswedern jetzt übernommen, die Vertrautheit aufzuheben und den Menschen in die fremde Natur zurück- und hineinzunehmen. So hat der Weg der Maler nach Worpswede nichts mit Rückkehr zur Natur oder mit einer Einbürgerung in die Welt der Moorbauern zu tun. Vielmehr sei zu sagen, »daß sie nicht unter ihnen leben, sondern ihnen gleichsam gegenüberstehen, wie sie den Bäumen gegenüberstehen und allen den Dingen, die, umflutet von der feuchten, tonigen Luft, wachsen und sich bewegen«. Sie seien von fernher dorthin gekommen, um (wie es nun unmittelbar im Gegenzug gegen jede Form der Vertrautheit mit der Natur heißt) die Menschen dort, »die nicht ihresgleichen sind, in die Landschaft hineinzudrücken« und so alles, Menschen wie Dinge, in einem Atem zu sehen und »im stillen Nebeneinander als Erscheinungen derselben Atmosphäre und als Träger von Farben, die sie leuchten macht, zu empfinden«. Damit holen die Maler mit ihrer Kunst, wie Rilke sagt, »aus der Tiefe dieses Lebens eine Wahrheit heraus«; sie bringen ästhetisch in das Dasein der Zeit die in der Nutzung vergessene und in der Vertrautheit verdeckte fremde Natur als »Wahrheit« ein (S. 247). Rilkes Bemerkungen zur Landschaft lassen beispielhaft erkennen, warum »Fremdheit« zur Kategorie der ästhetischen Vergegenwärtigung der Natur werden muß, nachdem einmal Landschaften – aus ihrer ursprünglichen ästhetischen Funktion entlassen – in die Welt der Gesellschaft eingegangen sind. Die Möglichkeiten, Natur in ihrer Fremdheit zu vergegenwärtigen, sind zum Thema nachromantischer Kunst geworden. Was äußerlich als bloße Negation der klassischen und romantischen Landschaft erscheinen kann, hat in Wahrheit die Aufgabe übernommen, da, wo Landschaften zum Lebenselement der Gesellschaft geworden sind, im Verhältnis zur Natur die Funktion des Ästhetischen zu erfüllen, die zuerst mit der Entdeckung der Natur als Landschaft in die Geschichte getreten ist.

58 Vgl. o. A. 28 die Bemerkungen zu Baudelaires Himmel. Im Erlöschen der beharrlichen Sterne kommt einmal der Verlust der Möglichkeit wie in einem Zeichen zur Sprache, den »Himmel« im Begriff der Weltordnung zu wissen, und damit zugleich der Grund, der im Verhältnis zur Natur

als der jetzt »verlorenen Natur« die ästhetische Kompensation fordert. Es kennzeichnet sodann in der Zugehörigkeit zur ästhetischen und poetischen Präsenz des Himmels, »wie man ihn sieht«, die Instabilität des ästhetischen Verhältnisses, das nicht aus der Bewegung des subjektiven Fühlens herausgelöst werden kann und so im jähen Umschlag dem Erlöschen ausgesetzt bleibt. Zum »Glanz des Schönen« gehört die »Wehmut« (A. Neumayer), zur romantischen Poesie der ihr einwohnende, die Zerrissenheit der romantischen Subjektivität hervortreibende Widerspruch der Prosa (F. Schlegel, E. Th. A. Hoffmann). Brentano nennt daher die unmittelbare Naturbewunderung »einen sehr verdächtigen Zustand« (vgl. Sus. Herms, Cl. Br. und die Landschaft der Romantik. Würzburger Diss. 1932, S. 11 ff.). Schopenhauer spricht aus, daß die ästhetische Versöhnung und »Erlösung« nur die Wirklichkeit eines vorübergehenden Augenblicks zu haben vermag.

59 Über die ästhetische Erziehung des Menschen in einer Reihe von Briefen. 25. Brief WW Saek. Ausg. 12, S. 100.

60 Die »objektive« Gegebenheit der Natur ist wie die Existenz der Freiheit ihrerseits geschichtlich. Sie setzt in sich den geschichtlichen Prozeß voraus, in welchem sich der Mensch aus der Macht der Natur über ihn befreit und sie – damit seine Freiheit zur Existenz bringend – zu seinem Objekt macht. Hegel wendet sich daher in unmittelbarer Anknüpfung an Schiller gegen »diejenige sogenannte Philosophie, welche den unmittelbar einzelnen Dingen, dem Unpersönlichen Realität im Sinne von Selbständigkeit und wahrhaftem Für- und Insichseyn zuschreibt«. Sie werde »von dem Verhalten des freien Willens gegen diese Dinge unmittelbar widerlegt«: »Wenn für das Anschauen und Vorstellen die sogenannten Außendinge den Schein der Selbständigkeit haben, so ist dagegen der freie Wille, der Idealismus, die Wahrheit solcher Wirklichkeit«, Grundl. d. Philosophie d. Rechts § 44. Daher bleibt jede Vorstellung von einem glücklichen Naturstande des Menschen und einer Rückkehr zu ihm, wie Hegel sagt, eine »unwahre Meinung«: »Die Vorstellung, als ob der Mensch in einem sogenannten Naturzustande, worin er nur sogenannte einfache Naturbedürfnisse hätte und für ihre Befriedigung nur Mittel gebrauchte, wie eine zufällige Natur sie ihm gewährte, in Rücksicht auf die Bedürfnisse in *Freiheit* lebte, ist noch ohne Rücksicht des Moments der Befreiung, die in der Arbeit liegt«, vgl. a.a.O., § 194.

61 Während in der ästhetischen Vergegenwärtigung der Natur als Landschaft durch Bildkunst und Dichtung auch verborgen bleiben kann, daß ihr freies Spiel der Anschauung nicht zeitlos ist, sondern seine geschichtliche Möglichkeit und Bedingung in der durch Arbeit vermittelten Unterwerfung der Natur als Dasein von Freiheit hat, tritt dieser Zusammenhang in der Sphäre der Landschaft selbst da deutlich als sie bestimmendes Element hervor, wo an der Stelle der Malerei die »Gartenkunst« (art of

gardening) es übernimmt, Natur in ästhetischer Vermittlung als Landschaft darzustellen. Was damit vor allem im England des 18. Jahrhunderts in großer Form geschieht, läßt sich zunächst als der Einbruch des ästhetischen Naturverhältnisses in die alte vorästhetische Welt des Gartens und der Gartenkunst verstehen. H. F. Clark hat in seinem bedeutenden wie grundlegenden Buch über den englischen Garten (The English Landscape-Garden, London 1948) gezeigt, daß die großen Parks, die damals wie Chiswick, Castle Howard oder Woburn Farm geschaffen werden, unmittelbar unter dem Einfluß von Claude Lorrain, Poussin und Constable stehen und so als »a composition obeying the rules of the painters« gelten müssen (S. 37 ff.). Noch im 19. Jahrhundert nennt Fürst Pückler-Muskau (für ihn sei auf die Studie nachdrücklich hingewiesen, in der K. G. Just jetzt Pücklers »Leben und Werk« dargestellt hat und den Zusammenhang überhaupt erst wieder zugänglich macht, in dem bei ihm Schriftstellerei und die Gartenkunst zueinander gehören, deren Werk in Muskau und Branitz die Zeitgenossen als »schöne großartige Dichtung mit smaragdenen Lettern« in den Boden geschrieben ansahen. (Vgl. Hermann von Pückler-Muskau, Leben und Werk, Würzburg 1962) den Park »ein Grundstück, das (in der Zuordnung zum wohnlichen Besitztum) einem aufzustellenden Naturgemälde« gewidmet sei und so den »Charakter der freien Natur und Landschaft« haben soll (in: Andeutungen über Landschaftsgärtnerei, 1834, Nachdruck 1933, S. 47, jetzt im Auszug abgedr. bei F. G. Jünger, Gärten im Abend- und Morgenland, München und Eßlingen 1960, S. 172). Das ist bereits festgewordenes Deutungsprinzip. Während die Gartenkunst (so heißt es bei Schiller; vgl. »Über den Gartenkalender auf das Jahr 1795«, WW Saek. Ausg. 16, S. 271–279, jetzt auch bei Jünger a.a.O., S. 159 f.) sich lange Zeit der »Baukunst« anschloß und so »die lebendige Vegetation unter das steife Joch mathematischer Formen beugte, wodurch der Architekt die leblose schwere Masse beherrscht«, empfinge mit den jetzt »allgemein beliebten *ästhetischen Gärten*« der »Gartengeschmack« das Gesetz »von der Einbildungskraft allein«. Er sei so »poetisch« geworden; man habe damit »die Gartenkunst in die Malerei hinübergeführt«. Dem entspricht, daß in die Gartenkunst alle die Begriffe eingehen, die, wie die freie Betrachtung der Natur selbst, genießendes Verweilen im Glück des Beisichselbstseins bei ihrem Anblick usf. aus der Tradition der philosophischen Theorie herkommend das ästhetische Naturverhältnis von Anbeginn bestimmen. So nennt Henry Home in den »Elements of Criticism« (zuerst 1760, dann Basel 1795; eine deutsche von J. N. Meinhard besorgte Übersetzung erscheint 1790 in Leipzig) die art of gardening »Lieblingskunst« des Zeitalters. Ihr Werk als »fine art« sei nicht der »kitchen garden«, sondern der aus der Nutzung herausgelöste »pleasure garden« (III, S. 204): Sie habe so die Bestimmung, »gewisse angenehme Empfindungen und Gefühle« (III, S. 205: certain agreeable emotions and feelings;

S. 206: emotions of grandeur, of sweetness, of gaiety, of melancholy) dadurch zu wecken, daß sie den Raum des Wohnens in Prospekten, Durch- und Fernblicken und im Anblick von Bäumen, Flüssen, Wasserfällen, grünen von Pflanzen belebten Flächen und Anhöhen kompositorisch in die Natur als »Landschaft« (landscape) öffne. So biete sie dem im Parke Wandelnden Natur »in einem einzigen Anblick zusammengefaßt« (III, S. 216: comprehended in a single view) dar. Der Landschaftsgarten selbst sei so »an imitation of nature or rather *nature itself* ornamented (III, S. 215) . . . representation of what really exists in nature (ib.) . . . exhibition of what beautiful is in nature« (III, S. 217). Durchaus im Sinne der ins Ästhetische transformierten Theorie hat so für Home der Landschaftsgarten als Darstellung der »Natur selbst« im Verhältnis zum Empfinden und Fühlen die Funktion (wie es in einer deistisch gemilderten Sprache heißt), »die Güte der Gottheit und den reichen Vorrat, den sie für unsere Glückseligkeit bereit hält« (III, S. 227), zu vergegenwärtigen und damit die Seele zum Nachdenken und Betrachten und so in »a habit of humanity and benevolence« zu bringen (S. 227). (Vgl. hierzu auch bereits Addison in Spectator Nr. 477 v. 6. 9. 1712, jetzt ins Deutsche von C. Mayer-Clason übersetzt, abgedr. in: Jünger, a.a.O., S. 150 f.).
Die Bewegung, in die Garten und Gartenkunst mit dem Einbruch des Ästhetischen hineingerissen werden, läßt sich damit in genauer Entsprechung zur malerischen und dichtenden Entdeckung der Landschaft als Öffnen des Wohnens in den ästhetischen Anblick der Natur begreifen, während Garten und Park ehedem und noch in ihrer französischen Form die Natur in einen umhegten und gegen die freie Natur abgegrenzten Bezirk einbeziehen und in ihn einformen. Zeichen dieser in ihrer Wirkung radikalen Veränderung ist es, daß entgegen dem ursprünglichen sprachlichen Sinn von Garten und Park der ästhetische Landschaftsgarten bewußt und ausdrücklich durch den Fortfall oder das Verstecken des Umgrenzenden, des Zaunes, der Mauern, Verschwinden der den Blick verstellenden Gartenkulissen etc. in der zeitgenössischen Literatur gekennzeichnet werden kann. So wird in einer Schilderung der Anlagen von Wörlitz aus dem Ende des 18. Jahrhunderts hervorgehoben, daß der Park »weder durch eine Mauer noch durch eine Verzäunung eingeschlossen sei«; seine Grenzen würden so »teils natürlich durch den See bezeichnet, teils durch Kanäle, Wälle, Alleen, Hecken *versteckt*, teils auch unbestimmt gelassen«, so daß ein Fremder die den Garten umgebenden Triften, Äcker, Wälder und Wiesen dazu rechne (abgedr. bei Jünger, a.a.O., S. 151); Jünger kann daher Entgrenzung geradezu das »Grundgesetz« des englischen Parks nennen; er strebe eine einheitliche Komposition mit der Landschaft an; daher werde alles verneint, was ihn gegen sie »abhebt, konturiert, begrenzt«: »Mauern, Gitter und Zäune verschwinden« (a.a.O., S. 39). Bereits Fürst Pückler hat im gleichen Sinne den Park in seiner Bestimmung, den

»Charakter der freien Natur und Landschaft« zu haben, als ein vom Garten »sehr wesentlich abweichendes Ganzes« genannt: während der Park eine »zusammengezogene idealisierte Natur« sei, bleibe der Garten nur »eine ausgedehntere Wohnung« (a.a.O., S. 48, 52, bei Jünger, a.a.O., S. 174).

Das Neue und qualitativ Andere des Landschaftsgartens aber in der Einheit der ästhetischen Vermittlung der Natur liegt darin, daß mit ihm die Natur durch den verändernden und gestaltenden Eingriff des Menschen zur Landschaft geformt und so dazu gebracht wird, selbst ihre ästhetische Präsentation zu vermitteln. In diesem Sinne nennt Home Landschaft »nature itself ornamented«. Was so als freie und gar als wilde Natur dem Anblick sich als Landschaft darstellt, ist von der Gartenkunst *zur Landschaft gestaltete Natur.* Berühmtes Zeugnis hierfür ist in Rousseaus »Nouvelle Héloïse« der Brief, in dem Saint-Preux den Garten Julies beschreibt: obwohl er nirgends »die geringste Spur von Kultur« in seiner Natürlichkeit erkennen lasse, könnte doch, was er ist, nur durch »Fleiß und Kultur« geworden sein. Die ästhetische Absicht ist es, die Natur selbst und ihre »rührenden Reize«, die sie den Menschen entzieht und auf einsamen Berggipfeln, im Waldesgrund und auf einsamen Inseln entfaltet, den Menschen, die sie lieben, nahezubringen, aber diese Absicht schließt ein, daß man sie als »Garten« darstellen und so »große Sorge« tragen muß, den Fleiß, der sie geschaffen, »auszulöschen«. Die Natur als Landschaft ist im Schein des freien Soseins – »nicht ohne etwas Täuschung« – Natur, der Gewalt angetan ist, um sie zu zwingen, Darstellung ihrer selbst zu sein (La Nouv. Héloïse IV, L. 11). Fürst Pückler fordert wie Rousseau für den Park als Darstellung der freien Natur und Landschaft, daß in ihr »die Hand des Menschen wenig sichtbar« sein solle. Die Anlage eines Parks sei so zwar »wohl Natur«, aber sie müsse zugleich auch als »zum Gebrauch und zum Vergnügen des Menschen eingerichtete Natur« gelten. Bei ihm gehört daher zur Landschaft – in seinen Briefen immer wieder zu Worte kommend – das Pathos der *Arbeit,* die vonnöten ist, die ästhetisch freie Repräsentation der Natur überhaupt erst zu *schaffen.* Die Vorarbeiten werden »ungeheuer« genannt; der Park in Branitz, der, »wo er fertig ist, nur eine üppige Gegend« zeige, sei zugleich (wie es in einem Brief vom 8. 4. 1868 [vgl. Just, a.a.O., S. 37] heißt) eine »von mir *geschaffene* Gegend« mit ziemlich hohen Hügelketten und »mit tausenden schöner, schon dreißig bis achtzig Fuß hoch gepflanzter Bäume, mühsam oft von weit herantransportiert«. Gelegentlich wird beklagt, daß das Werk die Grenze habe, daß es sich »mit dem Pflanzen nicht erzwingen ließe« und daß man »Wachstum den Bäumen und Sträuchern leider nicht geben« könne.

Damit wird die Zugehörigkeit der ästhetischen Landschaft zu der die Freiheit setzenden, auf Arbeit verwiesenen Objektivierung der Natur faßbar. Die zur Gartenkunst gehörige »gestaltete« Landschaft kann in diesem

Sinne als die Ergänzung der in ihrer Nutzung verschwindenden Natur durch das nicht weniger künstliche Werk verstanden werden, mit dem sie dazu gebracht wird, sich als freie Natur darstellend, im Horizont der Gesellschaft zu bleiben. Lucius Burckhardt hat in einer schönen Abhandlung zu »Natur und Garten im Klassizismus« (Der Monat 15, Nr. 117, Juni 1963, S. 43 ff.) gegen die ästhetische Vergegenwärtigung der Natur im romantischen Naturverhältnis, die »eine Natur sucht vor dem Sündenfall«, die »Landschaft als Gegenstand der Gestaltung« gesetzt und dafür auf das 18. Jahrhundert verwiesen, das die »Landschaftsgestaltung als vornehmsten Ausdruck ihrer Kunst wählte« (a.a.O., S. 44). In der Tat mag hier ein Schlüssel zum Verständnis der von der Gesellschaft assimilierten und damit aus ihrer ästhetischen Funktion herausgelösten Landschaften liegen. Sie können die Bestimmung haben, daß in einer dialektischen Aufhebung der die Landschaft einst konstituierenden Entgrenzung des Wohnens und so in einer Wiederkehr des *Gartens* die zur Landschaft gestaltete Natur zum Raum des durch die Gesellschaft gesetzten Wohnens wird. Jedenfalls ist dies die Meinung Burckhardts: »Die totale Besiedelung und Ausbeutung – oder andernorts die Nicht-Bewirtschaftung – des Bodens hebt den Gegensatz von Natur und Garten auf. So wird zur Notwendigkeit, was zu Beginn des Industriezeitalters ein Vergnügen großer Herren war: die Gestaltung der Landschaft« (a.a.O., S. 52). G. F. Jünger nennt es einen »schönen Gedanken«, daß »die Landschaft selbst zum Garten wird« (a.a.O., S. 50).

62 Hegel, Vorlesungen über die Ästhetik, 1, WW Glockner 12, S. 26 f.

Drucknachweise

1. Subjektivität und industrielle Gesellschaft. *Zu Hegels Theorie der Subjektivität*
In: »Anstöße«, Bericht aus der Arbeit der Evangelischen Akademie Hofgeismar, Nr. 5, Oktober 1961.

2. Über den Sinn und die Grenze der Lehre vom Menschen
Potsdam 1933.
(Diese Arbeit ist die nahezu unveränderte Wiedergabe einer Antrittsvorlesung, die im Februar 1933 an der Universität Hamburg gehalten wurde.)

3. Über das Lachen
In: Blätter für Deutsche Philosophie, XIV, 1940.

4. Dichtung und Gedanke. *Bemerkungen zur Dichtung T. S. Eliots*
In: »Arbeit am Aufbau«. Stimmen aus dem Lager 13 Shap Wells, 30. Oktober 1945.

5. Die Aufgabe der Geisteswissenschaften in der modernen Gesellschaft
Schriften der Gesellschaft zur Förderung der Westfälischen Wilhelms-Universität zu Münster, Heft 51, Münster 1963. (Die Abhandlung ist die erweiterte Fassung eines Vortrags, der am 2. August 1961 bei der Eröffnung des 15. internationalen Ferienkurses an der Westfälischen Wilhelms-Universität in Münster gehalten wurde.)

6. Landschaft. *Zur Funktion des Ästhetischen in der modernen Gesellschaft*
Schriften der Gesellschaft zur Förderung der Westfälischen Wilhelms-Universität zu Münster, Heft 54, Münster 1963. (Rede bei der feierlichen Übernahme des Rektoramtes am 16. November 1962.)

Die vorliegenden Aufsätze wurden auf Wunsch des Autors im wesentlichen unverändert abgedruckt. Lediglich Text und Anmerkungen des vierten Beitrages wurden erweitert und ergänzt.

Suhrkamp Verlag GmbH
Torstraße 44, 10119 Berlin
info@suhrkamp.de
www.suhrkamp.de